U0798559

頤和園

赵微·主编
金明哲·副主编

中国工人出版社

主　编：赵　微
副主编：金明哲
编委会：《颐和园》节目组全体人员

六集纪录片《颐和园》
总策划、总撰稿：赵　微
总编导：金明哲
摄影指导：赵小丁
撰　稿：赵　微　金颂梅　檀作文　史杰鹏　唐　波
杨笑梅　夏　萌
编　导：金明哲　刘　华　赵一鹤　张越佳　王伟达
郑永志　胡　琤
摄　影：李建明　刘　畅　朱兴辉　马志伟　杨明阳
灯　光：马立志

代序　给你一个不一样的《颐和园》

2006年，在十二集纪录片《故宫》播出两年多后，大部是原班人马的摄制组开始筹拍《颐和园》。那么，一部纪录片，一部历史文化纪录片，一部与曾经热播的《故宫》有诸多共同点的历史文化纪录片，如何才能延续优势，并且寻求突破创新，文史类纪录片能否让更多的受众喜闻乐见，这是拍摄六集纪录片《颐和园》面临的问题。

先看看两处建筑的不同，如果说紫禁城代表“礼”，颐和园则代表“乐”。紫禁城是皇权的中心，政治权力的象征，建筑高大厚重，严谨对称，体现皇家的威仪。走进紫禁城，人们会不由得产生一种压迫感。而颐和园作为皇家休闲娱乐的场所，拥有山水一体的自然风光和南北荟萃的精致建筑，别具一种轻松灵动的气息，人在其中感觉赏心悦目、舒适自如。相比《故宫》，《颐和园》可以有更丰富开阔的影像空间和更轻松有趣的讲述样态。因此，鲜活而生动的故事叙述、新奇而震撼的画面表现、深入而浅出的文化解读，就成为纪录片《颐和园》全片的主格调。

揭秘鲜为人知的故事

颐和园的园林、文物、人物、事件的背后，都有鲜为人知的故事和高深精妙的艺术内涵、文化底蕴。如何让观众看到和感受到这些呢？我们希望用故事支撑结构，用故事串联历史，用故事塑造人物，用故事引出风景、文物。最后，用故事化的语言完成讲述。“故事串”成为片子的结构方式。

发生在颐和园中的最为完整的故事集中于慈禧时期。比如，慈禧在颐和园排云殿举行了六十三岁寿辰庆典，排云殿就是为慈禧祝寿而修建的。以排云殿的建造过程为故事线索，串联起慈禧六十岁前后中国社会的变化、慈禧在颐和园中的生活、慈禧与光绪的关系以及戊戌变法等重大历史事件，使这些内容的表达繁而不乱，顺理成章，而且由于有了故事情节的描述，使得通篇讲述生动明快，引人入胜。一般人大概想不到，清朝末年，颐和园曾是外交活动的主要场所。美国画家卡尔在颐和园中为慈禧画像这一鲜为人知的事件，也被作为展现清朝末年颐和园中外交活动的主要线索。通过卡尔的视角展示了颐和园内帝后的生活和园林美景，同时也反映了清朝灭亡前夕这一特定时期，中国外交、外事活动的概况。讲述

1949 年之后颐和园的新生时，有个关于佛香阁中大小两尊佛像的很有趣味的故事。大家现在在佛香阁中看到的千手观音佛像，其实并不是原装，它来自北京一所寺庙旧址的夹壁墙中。这大佛头顶上缺一座小佛（化佛），有工作人员想起游人在昆明湖游泳的时候曾经打捞上来一尊小佛，结果拿来放在大佛头顶一试，居然严丝合缝。这神奇的缘分令人惊叹，而这个故事也如同点睛之笔，将古老的园林重获新生这一主题形象而又贴切、自然地生发开来。两尊铜佛故事的线索是走访园内老职工的收获。

颐和园的前身是乾隆建造的清漪园，乾隆时期的清漪园距今年代久远，史料大部缺失，不但形象资料几乎空白，就连文字记载也少得可怜。很多事件的过程、细节已无从考证，只能从现有史料中大海捞针一般寻找故事线索。比如，讲到清漪园修建起因时，我们找到了一个大家耳熟能详的事件作为故事背景，这就是乾隆下江南。借此线索，我们得以比较通俗而轻松地梳理了乾隆修建清漪园的经过和清漪园园林景色与江南风光之间的密切关系。除此之外，从史料和《园志》中的简单记载甚至只言片语中，我们也挖掘出一些细节，充分加以利用。比如，史料中记载了这样一个事件：乾隆四十五年二月，平民侯义公酒后误入乐寿堂，后来，若干官员因为此事受了惩罚。区区三十几字的记载，被演变为一个故事化的场景再现。

而这个平民之所以能够轻易进入清漪园，是因为园子三面都没有围墙。本应戒备森严的皇家园林为什么不修围墙呢？由这个故事引起观众的好奇心，然后顺理成章地引出对园林艺术上“借景”这一设计方式的解释。二十世纪二三十年代，颐和园疏于管理，经费拮据，运转维艰。怎么才能让观众对此有深刻的印象呢？我从《园志》上发现了这样的文字：1929年，“颐和园招商试办‘自兴渔业公司’，因市民批评停止”。1930年10月1日，“招商成立海涵渔业公司，开始捕鱼出售”。1936年，“商人刘毓嘉租用南湖岛开设万寿宫饭店，合同三年。租用石丈亭、佛香阁、石舫三处为万寿宫饭店分号，合同五年，房租外提营业收入20%”。由此，片中有了这样的叙述：“为了赚钱，南湖岛被出租开了饭店，就连佛香阁都开了这家饭店的分号。颐和园还招商成立了渔业公司捕鱼出售，昆明湖变成了一个大鱼塘。”有了这样的故事性花絮，颐和园经费捉襟见肘的窘迫状况一目了然。

复活久已消失的胜景

颐和园的前身清漪园于1764年（乾隆二十九年）建成。1860年英法联军一把大火，让历时十五年建设、几十万工匠的心血物化而成的锦绣华园变成一片废墟。

如何让今天的人们领略到清漪园的风采？我们首先用电脑特技还原了一个立体的清漪园。清漪园相关资料甚少，今日人们看到的颐和园，是慈禧时期由世代营造皇家建筑的“样式雷”家族第七代传人雷廷昌担任总工程师重新修建的。虽然雷廷昌费尽心血重新绘制了图纸，大部分按照清漪园复建，但是受经费短缺的限制，一些建筑被简化了造型，比如万寿山东麓的昙花阁，原来是一座两层重檐楼阁，六角攒尖顶，建筑平面酷似昙花，因而得名。清漪园时，昙花阁屹立在万寿山东麓制高点，在青山绿树映衬下十分醒目。登阁远望，昆明湖全景尽收眼底。而改建后，这座建筑变为单层，十字造型。由于形状不再像昙花，名字也改成了景福阁。单层的景福阁再无法俯瞰全景，成为观雨的场所。而万寿山东麓，失去昙花阁后，也缺少了重要的点景建筑。比昙花阁更不幸的是，还有一些建筑干脆被放弃修复，比如团城岛上的治镜阁以及后山的不少建筑都仅仅留下了些许遗迹。也有一些建筑是清漪园时期没有的，比如排云殿和德和园大戏楼都是为慈禧太后专门修建的。因此，颐和园和清漪园又有很多不同之处。这次我们依据照片用动画复原了昙花阁等一些乾隆时期的建筑，还尝试了三维特效与真实景物相结合的方式，在颐和园实景的基础上用特技合成出清漪园当初的样貌，让观

▲ 清漪园全景（特效图）

众在屏幕上看到一个最接近真实的清漪园。此外，和如今的颐和园作为单纯的游览胜地不同，当年的颐和园既是山水园林，也是帝后生活的居所。我们不仅要表现静态的景色和文物，还要表现动态的人物居住生活的情景，这才是完整立体的皇家园林形象。因此，片中用“情景再现”的方式，重现了颐和园排云殿慈禧大寿庆典、慈禧与各国外交使节及夫人在园中的外交活动、慈禧和光绪日常生活起居等多个场景，让颐和园的人物和环境产生互动，变得鲜活起来。

《颐和园》的“再现”拍摄有一个显著的特点，那就是，几乎所有的“再现”场景都由演员在颐和园的真实环境中展现，是名副其实的“真实再现”。“再现”的场景包括寝宫、殿堂、戏园以及园内各个著名景区。而且，演员的形象通常是背影或被虚化。在这样的拍摄中，人物形象是写意的，是配角，环境是真实的，是主角。而在这样真实的环境中，以真实的文物为道具背景的拍摄，其珍贵程度是任何特技效果都无法比拟的。这使得几乎每一场“再现”拍摄，都兼具故事化叙述和文物展示的双重功能和意义。一些“再现”场景，还成为突出趣味性的手段。比如，慈禧痴迷于来自西方的照相术，从1903年到1906年，慈禧太后共拍摄了786张照片，其中大部分是在风景秀丽的颐和园拍摄的。与在紫禁城中那些表情严肃、正襟危坐的影像不同，慈禧在颐和园拍摄的照片更加多样化、生活化，有各种背景下摆各种 pose（姿势）的，有化妆打扮成观音菩萨的，颇似今天的艺术照加 cosplay（角色扮演），表现了慈禧作为有血有肉的女性真实生活的一面。为此我们专门拍摄了一场慈禧照相的“情景再现”。由于当时的照相器材过于笨重，需要调整构图、焦距的时候，照相机固定不动，只能是被拍摄的人动。但是太后老佛爷身份尊贵，当然不能自己动，所以照相的时候，慈禧坐在轿子上，太监们要抬着轿子，随着照相师的指令左左右右前前后后地来回移动找准拍摄位置，这场面颇有喜剧效果。

呈现奇巧绝美的园林

游览颐和园的中外游客每天成千上万，让大家眼中熟悉的颐和园呈现出新意，让观众被颐和园的风光所震撼，这是《颐和园》影像画面要达到的目标。

《颐和园》仅是拍摄季节转换的景物变化，就花费了两年的时间。山水草木、自然风光是颐和园独有的特色，也是拍摄的重点。但是，雨雪霜雾、彩虹晚霞等自然景观可遇不可求。在各位摄影师坚持不懈的努力之下，终于捕捉到了多年不见的西山晴雪、柳枝雾凇等珍贵的画面。对摄影而言，角度是关键，为了找到与人们目光和常规航拍都不相同的视角，我们聘请了比利时著名的航拍摄影队，采用国外先进的遥控航空拍摄技术，进行低空航拍。这个摄影队使用 FLYING-CAM 遥控飞行器，曾经为《007》系列影片等很多好莱坞大片拍摄特效镜头，在 20 世纪 80 年代就曾获得过奥斯卡最佳技术奖。我在拍摄《故宫》时与他们相识，但因为种种原因当时未能合作，这次终于弥补了遗憾。在著名摄影师赵小丁指导下，摄影队对颐和园进行了为期 4 天的航拍。其中，最经典的镜头是，从排云殿缓缓拉出，穿过排云门，又穿过云辉玉宇牌楼，再缓缓升起，俯瞰万寿山全景。小飞机穿过的排云门只有 2 米多宽，飞机螺旋桨直径为 1.8 米，让飞机穿过这么狭窄的门，而且要保证建筑和飞行的安全，曾令颐和园方面有些担心。为此，我们先向颐和园领导详细讲解了镜头的设计以及飞行器技术上的可靠性，并让飞行器的发明者兼飞行操控师伊曼纽先生在现场做了飞行操作的技术演示，最终获得了园方的支持。这个经典镜头就这样诞生了。片中，观众还能看到这样的镜头：在德和楼大戏台，随着京剧《三岔口》的演出，镜头从两个京剧演员的近景缓缓拉出，升高，三层的戏台渐次展现，镜头接着升起拉出，远处的佛香阁、万寿山和昆明湖收入视野；画面上先是佛香阁牌匾上“佛香阁”三个字的特写，随着镜头逐渐拉出、上升，呈现出俯瞰的佛香阁的全景。当然，在小型无人机早已普及的今天，比以上更酷炫的镜头拍摄起来也不再是难事，这段航拍经历作为《颐和园》拍摄的花絮，也作为电视技术进步史的印记保留在我们的记忆中。

颐和园既是皇家建筑又是顶级园林，它集传统建筑艺术以及南北造园艺术之大成，是中国古代建筑和园林艺术的杰出代表作。俗话说外行看热闹，内行看门道。颐和园的美是由山水建筑、亭台楼榭、花草树木、风霜雨雪、天光云影等所有元素组合而成的，我们不仅要运用电视手段把它的美充分展示出来，还要科普一些建筑、园林方面的知识，让观众不仅知其然也知其所以然，通过画面直观形象地领会其中的知识点，真正领略颐和园建筑园林艺术的精妙、设计建造技术的高超。比如：修建清漪园时为什么要拆除已接近完工的延寿塔改建佛香阁？原因之一可能是延寿塔过于高大突兀，不符合园林艺术中“点景”的要求。而对于清漪园来说，最有气魄的造园手法就是借景于山。清漪园往西，数十里外的西山可为远景，林木青葱的玉泉山及山上的玉峰塔可为中景，山下的绿野平畴和园林连为一体，可为近景。远中近三景，如水墨画一般，景物由远及近，色彩由淡到浓。在远处西山群峰的屏障下，在近处玉泉山的陪衬下，只有58米高度的万寿山小中见大，显得气势非凡。放眼望去，西山群峰和玉泉塔影都凝聚在园林景色之中。借景于山使清漪园成为中国古典园林艺术中的典范之作。借助一系列画面，观众对“借景”的作用一目了然。片中还有一段展现乾隆皇帝乘龙舟从西直门外的倚虹堂码头出发，沿长河到达清漪园的沿途风景：“水道大部分狭窄而弯曲，最窄的地方仅容一船通过。在水道的尽头，一座拱桥映入眼帘，它就是清漪园的水上门户——绣漪桥。穿过绣漪桥，眼前豁然开朗，展现出昆明湖开阔的湖面。正是山重水复疑无路，柳暗花明又一村。放眼前方，就看到了十七孔桥白色的桥身。它连接着昆明湖上的南湖岛。透过十七孔桥的桥孔，可以看到湖东岸的一道石堤蜿蜒到远处的城关，龙船穿过十七孔桥，向西掠过南湖岛之后，昆明湖和万寿山的全景就像一幅展开的画卷呈现在眼前，湖光山色一览无余。至此，清漪园山水一体的完整面貌才尽收眼底。”一路走来，这峰回路转，令人目不暇接的视觉效果就来自古典园林艺术中先抑后扬，步移景换的设计理念。

既熟悉又陌生，既广为人知又鲜为人知。历时近三年拍摄的纪录片《颐和园》力图呈现给大家的是一个不一样的颐和园。今天，我们把形象的《颐和园》变成了文字的《颐和园》，从线性观赏的影片，到可以随时阅览、反复回味的书籍，《颐和园》又被赋予新的生命和价值。您可以忙里偷闲随手翻看，放松身心，也可以好整以暇细读慢品，掩卷沉思。又或者，带这本书去颐和园，以书中文字对照园中实景，揣度当初清漪园君临天下的恢宏气势，领略颐和园前世今生二百多年的风雨沧桑，寻觅园林背后林林总总人物故事的点滴遗迹，参悟山水之间“虽为人作，宛自天开”无双美景的诀窍机关，也会是一种不俗的体验。

《颐和园》总策划、总撰稿、制片人　赵　微

目录

代序　给你一个不一样的《颐和园》 001

第一章　清漪出锦绣 001

第二章　昆明有乾坤 041

第三章　绝艺筑颐和 079

目录

第四章　风雨梦乐园 115

第五章　禁苑演外交 153

第六章　沧桑续文明 187

代后记　从头到脚说《颐和园》 225

修水利，建寺庙，意犹未尽。下江南，访名胜，再兴土木。一片清漪，十五寒暑，终现锦绣园林。指点江山，移天缩地，只在一人胸怀。

第一章　清漪出锦绣

▲ 颐和园正门

自然孕育了艺术，建筑凝固了历史。艺术在自然中生长，历史在建筑中流传。当岁月的尘埃被轻轻拂去，永恒的艺术和曾经的历史，又重新熠熠生辉。

在距离紫禁城大约 15 公里的地方，有一座闻名中外的园林。它位于北京城西北郊，园里的山为万寿山，山前的湖为昆明湖。它是中国最后一座皇家园林，名为颐和园。

在多年以前，它曾经叫作清漪园。在这座园林的山水草木之间，亭台楼阁之中，随处可以触摸到历史的痕迹。

在园林诞生之前的几百年间，这里还是一片湿地。当时，万寿山被称作瓮山。瓮山为燕山余脉，也是西山一条支脉，是一座断山。因其山形像一只瓮，又有传说曾有人从山谷中挖出一只石瓮，因而得名瓮山。

1749 年，清乾隆十四年的农历十一月，瓮山西湖一带突然热闹起来，成千上万的民工汇聚在这里，他们铲起湖底的淤泥，再把挖出的泥土，运到瓮山东麓。

这个工程的负责人是内务府总管大臣三和，按照乾隆皇帝的旨意，瓮山脚下的西湖将被彻底清淤、疏浚和扩大。

当时，人们并没有想到，这次看似普通的水利施工，却成为此后一项宏大工程的开端。

从元代开始，西郊玉泉山的泉水是北京城的主要水源。清朝大内宫廷的饮用水，以及西苑太液池、紫禁城护城河的水，都来自玉泉山。

自康熙以后，北京西郊陆续修建了几座皇家园林。由于园林用水量大，水源上游被大量截流，京师水源不足，甚至影响到京城通往大运河的漕运用水。因此，在京西整修水利，开辟新的水源，已成当务之急。

早在一年前，乾隆就派人考察了京西一带的水文地理，发现西山一带有几十股泉水可供利用，为此专门修建了引水石槽。

这些水槽像蛛网一样遍布山区，西山和玉泉山的泉水据此汇集到西湖。原来在瓮山西南呈半月形的西湖，经过开挖疏浚，湖面已经拓展到瓮山东南，湖底加深，整个湖体扩大了两倍，气势也远远超过从前。

当年，为了防止西湖洪水泛滥淹没圆明园、畅春园等园林，曾经修建了一条堤坝，因为堤坝位于畅春园以西，所以名为西堤。现在，西堤原有的土堤被换成石坝，同时，堤坝被加高加厚。堤上还新建了三座闸门，平时三闸关闭，拦蓄湖水。如果京师用水，打开南闸，水从北向南流入京城；如果园林用水，则提东闸放水东下；如遇大洪水，则提北闸泄水入清河。瓮山脚下的西湖实际上成为北京的第一个人工水库。

后来，由于西湖的西部又修了一道堤坝，原来的西堤，就被乾隆改名为东堤了。这也就是今天我们在颐和园所看到的东堤。东堤岸边与真牛大小相仿的镀金铜牛是乾隆时铸造的。它来自古代神牛镇水的风俗。我国古代雕塑多为写意，这只铜牛却采用了写实的手法，它造型逼真，神情生动，目光炯炯，似有所见。丰富细腻的艺术表现力代表了当时铸造工艺的水平。

1750 年，也就是乾隆十五年农历三月十三日，乾隆皇帝将疏浚后的西湖命名为昆明湖，瓮山也改名为万寿山。

这次水利工程，也让京城用水和运河漕运从此有了充足的水源。水利工程的顺利竣工，让忙碌了一个冬天的主管大臣三和和大小官员都松了口气。

▲ 桃形昆明湖

▲ 碧波涌动的昆明湖

萬壽山昆明湖記
歲己巳考通惠河之源而勒碑於麥莊橋元史所載引白浮甕山諸泉云者時皆湮沒不
可詳夫河渠國家之大事也浮漕利涉灌田使漲有受而旱無虞其在導洩有方而潴蓄
不匱乎是不宜聽其淤閼泛濫而不治因命就甕山前芟葦茭之叢雜浚沙泥之隘塞匯
西湖之水都為一區經始之時司事者咸以為新湖之廓與深兩倍於舊踟躕慮水之不
足及湖成而水通則汪洋漭沆較舊倍盛於是又慮夏秋汛漲或有疎虞甚哉集事之難
可與樂成者以因循為得計而古人良法美意利足及民而中止不究者皆是也今之為
牐為壩為涵洞非所以待汛漲乎非所以濟潞漕乎非所以啓閉以時使東南順軌以浮
漕而利涉乎昔之城河水不盈尺今則三尺矣昔之海甸無水田今則水田日闢矣顧予
不以此矜其能而滋以懼蓋天下事必待一人積思勞慮親細務有弗辭致衆議有弗恤
而為之以僥倖有成焉則其所得者必少而所失者亦多矣此予所重慨夫集事之難也
湖既成因賜名萬壽山昆明湖景仰放勳之蹟兼寓習武之意得泉甕山而易之曰萬壽
云者則以今年恭逢
皇太后六旬大慶建延壽寺於山之陽故爾寺別有記茲特記湖之成並元史所載泉源始末
蘊與所由云
乾隆十有六年歲次辛未長至月御製并書

▲《万寿山昆明湖记》碑文

这一天，乾隆皇帝新的圣旨到了，但出人意料的是，乾隆皇帝并没有宣布工程结束，而是命三和在万寿山南坡园静寺的遗址上，修建大报恩延寿寺。

为何要在此修建与水利并无关系的大报恩延寿寺呢？这几乎是所有人内心的疑问。此时，三和与官员们并不知道，乾隆皇帝心目中的一个庞大建筑计划其实才刚刚开始。

后来，乾隆在《万寿山昆明湖记》中写道：瓮山西湖工程有三个目的，一是整修水利。二是操练水军。三是皇太后的六十大寿即将到来，所以要利用疏浚西湖的机会，修建寺庙，为母亲祝寿。

人们这才恍然大悟，乾隆当时把瓮山更名为万寿山，就是为了庆祝母亲的六十大寿。而为笃信佛教的皇太后修建大报恩延寿寺，也早就在乾隆的计划之中了。

乾隆为母祝寿

乾隆十六年（1751 年）十一月十八日，大报恩延寿寺的供器和欢门幡安放完毕。同时，举办太后圣寿庆典的准备工作也如期完成。

乾隆十六年农历十一月十九日，是乾隆的母亲崇庆皇太后钮祜禄氏的六十寿辰。这一天，乾隆先在紫禁城太后居住的慈宁宫为母亲举办六十寿宴。之后，皇太后在乾隆的陪同下，从西直门出北京城，首次前往清漪园。

有一幅流传至今的《万寿庆典图》，正是根据当时庆典实况绘制的，这幅图描绘了从京城到清漪园的沿途盛况。

在万寿山举办的庆祝仪式使这次庆典达到了高潮。

这时的清漪园已经初具规模。乐寿堂、玉澜堂和文昌阁的主体工程已经完成。来自意大利的宫廷画师郎世宁，正在为乐寿堂的后院游廊制作画稿。

万寿山前后，更多的园林建筑正在加紧施工。

当年，在清漪园的工地上，有时会看到一群孩子的身影。那些围着殿堂奔跑追逐的孩子并不是在玩耍，而是利用自身的体重完成夯实地面的工序，每人还能领到几钱银子的报酬。

大报恩延寿寺工程于乾隆十五年（1750 年）全面展开。乾隆十六年（1751 年）正月，总管大臣三和将万寿山大报恩延寿寺殿内的里幡幔帐、供器陈设样给乾隆皇帝过目，乾隆谕令“照样准做”。这意味着大报恩延寿寺工程已经进入内部装修阶段。

▲ 汤姆逊 1871 年拍摄的大报恩延寿寺遗址照片

▲ 查尔德 1877 年左右拍摄的大报恩延寿寺遗址照片

春季，乾隆皇帝的旨意传来：着万寿山做大墙表一份……万寿山乐寿堂寝宫楼上或钟或表安一份。

夏季，乾隆皇帝的旨意依旧源源不断：万寿山勤政殿地平宝座着交造办处承做……万寿山听鹂馆着情赏为美现安插屏一样，做插屏两件。

这些事无巨细的指示都来自乾隆本人，甚至连安钟表、做插屏这样的细节都由皇帝亲自过问。可见，这所有的工程都在乾隆的一手操控之下完成。

随着一道道圣旨，万寿山上、昆明湖中的许多亭、堂、桥、榭等附属建筑也陆续开始修建。看起来，这次工程远不止修建一座寺庙那么简单。

乾隆十六年（1751 年）六月，又一道圣旨传出。

万寿山昆明湖一带的湖山、建筑被乾隆正式命名为“清漪园”。与此同时，朝廷专门建立了清漪园管理机构，并且颁发了印信。至此，一个庞大的园林建设计划终于完整地呈现在世人面前。然而，这个修建计划却在朝野上下引起一片议论。

来自关外的清皇室对大自然的环境偏爱有加，自康熙时起，就开始了大规模的皇家园林建设，在北京的西北郊陆续修建了畅春园、静宜园、静明园和圆明园四座皇家园林。

▲ 兴修水利（特效图）

乾隆即位后，将雍正扩建的圆明园二十四景又扩建为四十景，并且效仿雍正的《圆明园记》写了一篇《圆明园后记》。文中把圆明园誉为“天宝地灵之区、帝王豫游之地，无以逾此”。

就在这篇文章中，乾隆还昭告天下，由于修建圆明园人力物力消耗巨大，从此往后将不再修建皇家园林，以示帝王勤俭爱民之心。

但是，仅仅六年之后，大规模的清漪园建设又开始了。

在清漪园工程进行了11年之后，乾隆才在《万寿山清漪园记》中对自己的出尔反尔作了这样的解释：因为水利建设修了昆明湖，恰好临湖又有万寿山，既然有山水风景，怎么能没有亭台楼阁作为点缀呢？（“盖湖之成以治水，山之名以临湖。既具湖山之胜，概能无亭台之点缀？”）

乾隆皇帝把兴修水利作为借口，在北京西郊兴建水利设施，这样可以把香山和玉泉山的水引入海淀一带，方便这里种植水稻。同时还能够让更多的水流入北京城，满足老百姓的用水需要。既然水利设施都修了，为什么不借着旁边的万寿山再建造一些亭台楼阁呢？这样一来，一系列的理由也就有了。

可能乾隆自己也知道这个解释实在有些勉强。所以他后面的话听起来更像是自嘲：今天的清漪园难道不是再次修建园林吗？难道不是食言吗？虽然说是因为修水利顺便而为，可是谁又会相信呢？（“今之清漪园非重建乎？非食言乎？以临湖而易山名，以近山而创园囿。虽云治水，谁其信之？”）

那么，乾隆究竟为什么要自食其言修建清漪园呢？这个问题始终吸引着世人的好奇和关注。

答案在于，乾隆时期，国家空前富足。

根据记载，大清的国库存银，在1736年时达到了3000余万两。也就是说，当时全世界有四分之一的财富都集中在中国。朝廷通过每年不断的大小工程，让钱财流动起来，既还富于民，也刺激了经济的进一步发展。

过去的朝代，工程的劳役大多是无偿征调，建筑物料也多是硬性摊派。到了清朝，劳工雇佣制开始普及，工匠计日取酬，物料也由官府出资采购。皇家的工程，待遇更加优厚。

据内务府档案记载，修建清漪园的工人都有详细的工资标准：木匠、瓦匠、石匠等技术工人每工作一天给银一钱五分四厘，壮工是每工给银八分。不菲的报酬激发了工匠们的干劲儿。

在万寿山前山佛香阁的两侧各有一座宗教建筑，西侧的叫宝云阁，东侧的叫转轮藏，它们都是清漪园时期遗留下来的。

当时宝云阁和转轮藏工程采用招商的方式分别承包给两家建

▲万寿山转轮藏

▲宝云阁

▲ 豳风桥上拍摄的昆明湖

▲ 佛香阁面南坐拥昆明湖

筑队，把竞争机制引入了皇家工程建设中。

2007年，人们用最现代的勘测技术，对宝云阁和转轮藏进行了测量，结果发现两者的海拔高度几乎完全一致。在缺乏先进设备的古代，如何能达到这样的精度，我们不得而知。而成千上万不知姓名的能工巧匠留下的作品，就像是不朽的标尺，标志着建筑科学在古老的神州大地上曾经达到的高度。

宝云阁，整体以铜为材料建成。无论是外部造型，还是内部装修，每一个构件都铸造得十分精致。宝云阁看上去与木结构建筑完全相同，据当时的工程则例记载，宝云阁的预计用铜量和实际用铜量十分接近，几乎没有浪费。

当时，整个工程的管理十分缜密。有负责建筑设计的样式房，还有负责工料核算的算房，凡工价银超过五十两、料价超过二百两，要奏请皇帝批示。

宝云阁内部一侧墙壁上面，详细题刻了工程负责人以及各个工种工匠的名字。这来自工程实施的责任承包和追究制度，如果发生质量问题，施工人员连带负责的官员都要被追究责任。

乾隆三十六年（1771年），后山的须弥灵境等处发生雨水渗漏。原先负责粘修工程的官员被勒令出钱修复，并且还被罚了俸银。而那时，距离这处工程完工已经有十几年了。

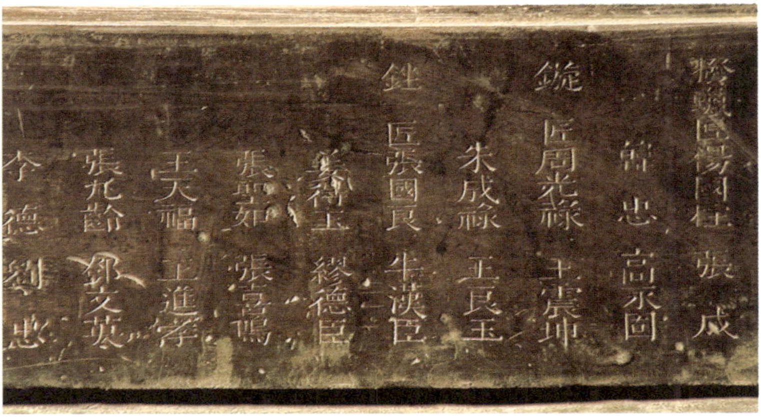

▲ 建造宝云阁工匠名录

乾隆十六年（1751 年），也就是清漪园开始修建的第二年，乾隆钦定了北京最著名的景色“燕京八景”，著名的《西山晴雪图》所描绘的西山雪景就是其中之一。

清漪园建成后，与原来的画面相比，西山的前面增加了一个前景——昆明湖。

昆明湖是清代皇家园林中最大的一处水面，清漪园的名字就取意于昆明湖碧波荡漾的水态。昆明湖与万寿山的结合，也使清漪园成为最具湖山之胜的皇家园林。

在疏浚西湖之后，瓮山的南边也有了开阔的水面，这里形成了以水面为主体的山水园林的雏形。但是，一面临湖的万寿山却显得有些呆板。因此，乾隆下旨整修了通往万寿山后的后溪河。

人工收窄的几处陡峭的河口，使原来平静的河水有了缓急变化，增加了美感，后溪河水绕过万寿山后山，穿过东部的园林，与前湖连成了一体，而万寿山则成为名副其实的岛山。

放眼昆明湖，西堤及其支堤将辽阔的湖面划分成三个水域，使湖泊主次分明各具特色。南湖岛结合十七孔桥使前湖的湖面形成层次。通透开阔的大湖与厚重雄伟的前山相得益彰。

通过对湖山的这一番改造，达到了山环水绕、山水相依、“山因水而活”的园林意境。

▲ 东堤俯瞰十七孔桥

▲ 西山晴雪

随着园林工程的不断扩大，乾隆所谓“修水利而顺便修园林”的解释也变得越来越难以自圆其说。

人们在探寻清漪园兴建真正起因的时候，不能不注意到另外一件同样流传后世、尽人皆知的事情——《乾隆南巡图卷》描绘的是乾隆下江南的盛况，而这件事，其实与清漪园的修建也有着密切关系。

在京西瓮山西湖的水利建设刚刚开始那一年，宫廷画师董邦达曾经奉旨南下杭州，绘制了一幅西湖景色全景图。董邦达此行为乾隆日后的江南之行拉开了序幕。

乾隆十六年（1751年）正月十三，就在园林工程全面铺开之际，乾隆皇帝没有留在京城监督工程进展，而是陪同皇太后前往江南视察。这是乾隆皇帝的首次江南之行。值得一提的是，乾隆此行随身携带了董邦达绘制的那张西湖全景图。

五百年前，清皇室的先祖，大金国皇帝完颜亮曾派使臣去杭州绘制了西湖图卷。后来，

乾隆题诗

当历代文人反复歌咏的杭州西湖美景，终于出现在乾隆眼前的时候，他在随身携带的西湖图上题了一首诗：“向见西湖图，约略观山水。今见西湖图，曲折可详指。由来贵亲历，了然胜遥揣。”

诗的意思是：原来观看西湖图描绘的山水，只能看出个大概，现在对照实景，每一处都可以详细地了解了。亲自考察比对着图纸揣摩的确要具体清晰得多了。

这些描绘江南美景的画卷，也成为完颜亮入侵南宋的作战地图。

但是，还没等打到西湖，完颜亮就客死他乡，最终也没能实现目睹江南风光的夙愿。对于入主中原的大清皇室来说，江南在经济和文化上的重要地位在全国首屈一指，因此受到格外的重视。

乾隆的祖父康熙皇帝曾经六次下江南考察民情，自幼接受汉文化教育的乾隆，也同样有着浓厚的江南情结。但与康熙相比，乾隆对江南的风光景色似乎爱之更深。

和祖父康熙一样，乾隆也曾六下江南，而他前三次下江南，恰好是在清漪园修建期间。

乾隆对比江南实景与风景图卷的用意，在之后清漪园的建设中也更加具体而清晰地体现了出来。

位于万寿山东麓的这个小小的园林，初建时叫作惠山园。如果把惠山园的景观与无锡的寄畅园对比一下,就会发现两者极其相似。

寄畅园有知鱼桥,名字来自庄子的名句,“子非鱼安知鱼之乐”。桥身低矮，接近水面，便于观鱼；惠山园里也建了这样一座知鱼桥。

无锡寄畅园有八音涧，水在石间流动，声音优美动听；清漪园的惠山园有玉琴峡，水声淙淙，与八音涧异曲同工。

惠山园里，假山、亭台的整体布局，深得寄畅园的精髓。惠山园以池为中心，环池建有“一堂、一轩、一楼、一斋、一亭、

▲ 惠山园（特效图）

一桥、一径、一洞”八个景观。

惠山园在嘉庆年间被改名为谐趣园，并在湛清轩的前面增建了涵远堂。涵远堂的修建影响了原来疏朗通透的视觉效果，在园林界被认为是一个败笔。

惠山园是乾隆皇帝第一次下江南时的收获。后来，在乾隆二十二年（1757 年）和乾隆二十七年（1762 年），乾隆皇帝又两次赴江南巡视。

每次下江南，必有宫廷画师随行。按照乾隆的旨意，江南的美景被大量临摹，一幅幅图画被送往京城，成为正在修建的清漪园的样本和参考。

杭州西湖上有苏堤，清漪园昆明湖上有西堤。西湖苏堤上有六座桥，清漪园西堤上也修建了六座桥，就连沿西堤栽种的柳树，也和苏堤相同。

从整体布局上看，杭州西湖景区，孤山在北，西湖在南，湖面西部有苏堤。北京清漪园，万寿山在北，昆明湖在南，湖面西部有西堤。北山、南湖、西堤的大格局，两者几乎一模一样。

然而，如果从园林整体观察，人们又会在相似之中发现更多的不似。

西湖上笔直的苏堤在清漪园里变成了蜿蜒曲折的西堤，它与

▲ 杭州西湖和北京清漪园的荷花比较

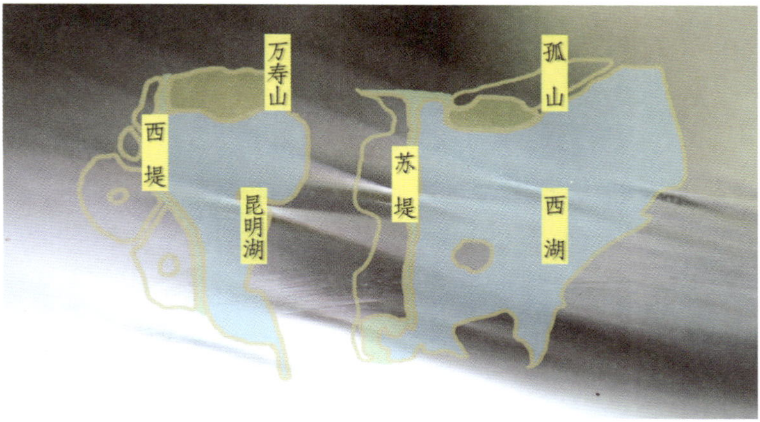

▲ 昆明湖和西湖地形比较

昆明湖和万寿山的配合恰到好处。正是这种重在意蕴的借鉴和因地制宜的再创作，使得清漪园的景色神似江南，而又胜似江南。

直到此时，人们才彻底领悟了乾隆的江南情结与这座园林建设之间密切的因果关系。正是对于江南美景的喜爱和向往，加上北京西郊瓮山西湖得天独厚的自然条件，激发了乾隆皇帝欲罢不能的欲望，促使他不惜违背诺言，再次开始了园林建设。

清漪园乐寿堂前有一块巨石，长 8 米，宽 2 米，高 4 米。重达 20 多吨。它产自北京房山。

最早，是明代官吏米万钟发现了它，决定不惜成本把它搬运回家，结果，石头刚运到半路，米万钟就已经耗尽了所有的家财。这块石头让米万钟倾家荡产，所以，人们称它为败家石。

后来，乾隆皇帝也看上了它，要把它作为乐寿堂前的屏风，因为石头太大，为了把它搬进院，乾隆甚至不顾太后的反对拆掉了院门。后来，这块巨石被重新命名为青芝岫。意思是青色的灵芝形状的石头。

从房山搬来的青芝岫，成了清漪园中最有故事的一件摆设。

其实在清漪园建设过程中，被搬来的不仅仅是这块石头。

堆砌假山的太湖石来自江南；建造殿堂的珍贵木材来自全国各地。

万寿山上的松树，显露着黄山青松遒劲的风骨；接天映日的荷花，荡漾着水乡荷塘清凉的气息。

除了苏杭风光，各地著名的风景也在这里汇集。

位于南湖岛上的望蟾阁，原型是湖北的黄鹤楼；后山的四大部洲，是藏式风格建筑。

连接东堤廓如亭和南湖岛的十七孔桥仿照北京的卢沟桥修建而成。十七孔桥桥长 150 米，宽 8 米，从中间向左右两侧数，都是九个桥孔，九为最大，象征皇家的尊严。石桥两侧的栏杆上雕刻着形态各异的石狮子。石狮共有 544 只，比起卢沟桥，还多了 59 只。

清漪园的园林设计，还隐含着中华传统文化的意蕴。

昆明湖中的三座小岛，来自神话中东海上的蓬莱、瀛洲、方丈三座仙山。比喻园林如同人间仙境，也象征着天人合一的古老哲学。

清漪园东堤之上有镇水的铜牛，代表风调雨顺。昆明湖西岸有耕织图，展示男耕女织。两者遥遥相对，象征着中华几千年的农耕文化。

万寿山东面的城关文昌阁，供奉着文昌帝。万寿山西面的城关宿云檐，供奉着武帝关羽，一东一西，一文一武，象征着文治武功，文武双全。

南湖岛上的龙王庙里有龙，南面凤凰墩上有凤，一北一南，一龙一凤，象征着龙凤呈祥，万事顺遂。这是中国传统文化中最美好的祝福。

清漪园，集中华名山胜景和东方传统文化于一身，可以说观一园如观天下。

1764年，也就是乾隆二十九年，清漪园历经15年建设，终于全部建成。

这是上下几千年的文化积淀和几十万工匠的心血和汗水物化而成的一座园林，也是一个前所未有、登峰造极的锦绣华园。

乾隆希望这座园林成为一座后人无法超越的纪念碑。

开湖练兵

中国北方人不习水战，因此自古就有开湖操练水兵的做法，最著名的就是汉武帝为征讨西南而在长安挖掘昆明池以操练水兵的典故。

但乾隆皇帝时期，南方并无边患，北京附近也没有大量水军驻扎的惯例，乾隆帝所谓的操练水兵不过是京师健锐营、外火器营的例行操练，以此作为一个借口应该只是为了充数。

当初，大臣三和疏浚水利，万万没想到会修建出一座绝世园林；宫廷画师董邦达奉旨绘制西湖图，也万万没想到这幅画卷会成为设计清漪园的参考。从一步步推进的施工，到一次次的江南之行，清漪园的兴建，计划周密而且步骤严谨。

回溯园林诞生的过程，人们发现，完整详尽的建设方案，只存在于乾隆一人心中。

也许，起初的灵感只是来自一次不经意间的触动，而帝王的手笔、盛世的财富和能工巧匠的智慧，让一个人灵感的孕育和激发，演化成一场全国总动员的宏大创作。

正如清末文人王闿运诗中所言："谁道江南风景佳，移天缩地在君怀。"

在昆明湖的东岸，有一座二层小楼，叫作夕佳楼，它始建于乾隆时期，从名称上就可以看出，这里是观赏夕阳的最佳场所。

夕佳二字来自东晋诗人陶渊明的诗："山气日夕佳，飞鸟相与还。此中有真意，欲辨已忘言。"

从夕佳楼望去，傍晚的景色与诗中的意境完美地融合，成为清漪园里一处著名的风景。

乾隆也写过不少描绘园中日落景色的诗句，但是他本人却从来没有见过这些景色。他被自己的一个决定约束了一生。

因为违背诺言修建了清漪园。所以，乾隆为自己定了一个特殊的规矩，每次去清漪园只能上午前往，中午返回，不在园中过夜。以此作为自律和反思，也许能稍得天下人的谅解吧。

"园虽成，过辰而往，逮午而返，未尝度宵，犹初志也，或亦有以谅予矣。"

这一次，乾隆没有违背自己的承诺。而欣赏不到清漪园的晚景，成为乾隆永远的遗憾。

夕阳下的清漪园朦胧而又虚幻，它留下了许多故事，也留下了直到今天仍然未解的悬念。

▲ 颐和园全景（特效图）

导演手记：《颐和园》剪余片与边角料

赵　微（总策划、总撰稿）

颐和园，是中国保存最完整的皇家山水园林和行宫别苑，也是中国最后一座皇家园林。

为拍摄纪录片《颐和园》，我们和颐和园有大约三年的亲密接触，熟悉了这里的山水建筑，熟悉了这里的四季景观，熟悉了许多与它相关的人物和发生在这里的历史，可是我们不敢说熟悉了颐和园。因为这座园林还有太多鲜为人知之事和至今未解之谜。

《颐和园》前期策划的时候，我们进行了大规模的资料搜集和海量的前期采访，根据收集的素材，也做了大量的设计。而最后成片的时候，很多资料和设想并没能派上用场，成了剪余片和边角料，这其中也不乏有趣的内容，在这里，举几个例子与大家分享。

狐狸的故事

为了让《颐和园》有趣好看，前期工作的重点之一是大量搜集故事。这些故事包括正史记载的，野史提到的，以及口口相传的。在采访园内专家和老员工的时候，我们总会请求他们顺便想想关于这座园子，听说过什么好玩有趣的事。有一次，采访一位参加过中华人民共和国成立后颐和园首次修缮工程的老职工，正题谈完后，照例请人家讲讲故事。对方先是摇头，表示没啥可讲。在我们百般询问之下，老人终于缓缓说道："故事嘛，那就只有狐狸的那件事了。""狐狸？"我们闻之大喜，所有人的好奇心都被充分调动了起来。那位老员工讲道："好像是五几年吧，有一天夜里，一个值班的职工正在园里的宿舍休息，寂静之中忽然听到有'咚、咚、咚'轻轻敲门的声音，这大半夜的，会是谁呢？赶紧出门一看，外面没有人呀，于是回屋接着睡。谁知过了一会儿，又有敲门声响起，再出门观看，还是没有人。如此这般，反复了好几次。"听到此处，我们的脑海中已经浮现出蒲松龄若干名篇中的种种场景，正当大家屏气敛声凝神倾听之际，老员工的讲述却戛然而止。"后来呢？"听者异口同声追问。老员工笑道："完啦。其实啊，那不是人，是狐狸。天冷，野外吃食少了，狐狸跑到园子里，扒门找吃的。那时候，不光是狐狸，还有兔子啊，松鼠啊多得是，还有人见过狼呢。"原来如此，所有人这才松了口气，作恍然大悟状。颐和园所在的北京西北郊区，历史上曾是一片湿地，按现在的话说，相当于北京城的绿肺和天然空调。直到20世纪50年代，那里依然是植被丰茂，有密密的林子，有水源，经常有野生动物出没。颐和园中“狐狸敲门”的情景，就是当时北京自然环境的真实写照。看看今天颐和园周边的钢筋水泥森林和车马嘈杂的环境，仅仅几十年，可谓恍若隔世，环境的变化令人扼腕叹息。狐狸的故事在片子里没有用上，留给大家作个提示，让我们经常想一想，人类与大自然该怎样和谐共处吧。

大戏台的传说

颐和园德和园内的大戏楼，自清光绪十七年（1891年）建成之后，就取代紫禁城中的畅音阁，成为当时国内最大的戏楼。它也是中国现存最大的古戏楼。大戏楼高21米，分上中下三层。三层舞台之间均有天地井通连，顶部设有绞车，在绳索的牵引悬吊下，演员可以自如地上下升降，表演从仙界到人间，再到地狱的空间转换。这大概算是中国最早的吊“威亚”特技了。这些在《颐和园》一片中已有详尽的描述。其实，除了让演员“上天入地”的机关之外，大戏楼底层舞台的地下原本还有水井、水池，可以设置水法布景，根据剧情的需要能随时喷出水来。

据说，有一次慈禧邀请为她作画的美国女画家卡尔看戏，戏演到一关键处，坐在前排的人知道要喷水了，一起往后闪躲，只有不熟悉剧情的卡尔不知躲避，被淋了一身，引得慈禧和众人大笑。

可惜的是，现在水池水井早已不复存在，让那位老外赞叹不已的神奇装置，今天的人们已经看不到了。

关于大戏楼，我们还听过一个现代的故事。据说，某年某月某日，在德和园加班的一名职工在静寂之中，忽然清晰地听到几个人的谈笑之声，然而环顾四周并没有看到人。四处寻找之后他才发现，在几百米开外的停车场有几个人正在谈话。如此远的距离，为何声音在德和园能听得清清楚楚？当初在建造戏楼的时候是否有类似天坛回音壁之类的声学方面的高超设计？如果找到答案，也许我们可以揭开一个尘封已久的古代建筑艺术的秘密。

为了解开这个谜题，我们走访了包括古建、声学、园林史在内的各方专家，可惜，没有人能解答。再加上这一传说本身版本不一，又找不到当事人或有力的证据，此事是否真实还难以定论。我们也曾想按照当时的情景作个实地测试，看是否有神奇的传音现象存在。但由于时过境迁，园内的环境已发生了巨大的变化，还原当年情景的实验无法完成。这个有意思的故事至今仍然没有答案。

转轮藏与“开花现佛”

转轮藏位于万寿山前山佛香阁的左下方，是一组木结构宗教建筑。这组建筑是乾隆时仿照杭州宋代法云寺藏经阁修建的。转轮藏在咸丰十年被英法联军烧毁，光绪时重建，是帝后礼佛诵经的地方。转轮藏两个配亭中的八角木塔八面都可以储藏经书佛像，木塔的地下设有机关。帝后念经的时候，有人在地道里推动木轴，带动木塔开始旋转，塔上放的经书也跟着转动，每转完一周，就算是皇帝皇后把塔上所有的经书都念了一遍。现在的转轮藏早已年久失修，机关尽损，机械部分所在的地下室已被水泥封闭多年，无法进入。

为了揭开其中的奥秘，我们曾向园方申请，打开地下室入口，探看一下内部的结构情况，纪实拍摄探秘过程，作为纪录片内容的组成部分。然而，经过研究，由于无法确保地下设施不会因此受到损坏，打开洞口的计划被取消。

我们的第二套方案是拍摄与转轮藏结构类似、现在依然能运转的其他建筑，首先想到的是北京的雍和宫。据说雍和宫原来有一套叫作“开花现佛”的装置，与转轮藏转经的原理类似。所谓“开花现佛”，就是在佛堂的佛坛中央，有一座高大的木制莲花，分八个花瓣，莲花的茎与地下一组机关相连。平时花瓣闭合，当拜佛念经的时候，在地下转动机关，佛坛上的花瓣就会徐徐打开，现出中间的佛像。不过可惜，据雍和宫的工作人员介绍，开花现佛早已损坏无法启动了。

就在这时，柳暗花明，听说河北某县的一座寺庙中有和转轮藏几乎一模一样的转经佛像，而且前些年还能运转，当地也初步表示支持拍摄。这一信息让大家兴奋不已，我们立即着手联系有关部门，办理拍摄的审批手续。然而，结果再次令人失望。由于这套装置多年没动过了，万一重新启动造成文物的损伤，损失将是无法弥补的。最终，我们只能取消了再现转轮藏风采的这部分内容，让大家在想象之中复原当年那些巧夺天工的古代建筑吧。

（同样出于保护文物的考虑而取消纪实拍摄的还有颐和园中的西洋座钟等。现在观众在片中听到的慈禧住所中西洋钟的鸣响，是用过去的资料配的音。）

荟亭之谜

在颐和园万寿山东麓的半山腰，有一个小亭子，名叫荟亭。当游人游览之时，可以在这里歇脚、观景，而荟亭本身，也是万寿山上与佛香阁相呼应的“点景”之作，它由两个小巧的单檐攒尖顶六角型亭子联结在一起组合而成，所以又被称为“双亭”。荟亭虽然造型独特，但在园里千姿百态的亭台楼阁之中，也算不上太起眼，一些游客甚至可能会忽略它。在《颐和园》第六集拍摄之前，我在一本书中看到了荟亭的一个有趣的传说。

话说颐和园建成后，慈禧几乎年年在这里过中秋，荟亭曾经是她赏月的地点之一。据说每当八月十五，在圆月初升的某一时刻，荟亭两个尖顶的投影会在地上重合为一条直线，再加上慈禧的人影，出现三影合一的奇特景观，这是月圆人亦圆的吉祥象征。想象中那将是多么奇妙而具有可视性的画面啊。

于是，在《颐和园》第六集中让这一景观再现，成为我们的渴望。在八月十五之前某个月的阴历十五，我们几次来到荟亭实地研究观察。然而，在周围茂密的树木掩映下，连月亮斜射荟亭形成的影子都很难看到，更别说几条影子重合的奇观了。

原来，当年慈禧赏月之时，山上的树木远没有今天这般高大，今昔的地形地貌早已大不相同。

其实，当年建园时，山水建筑与树木花草之间的大小比例、色彩搭配等都十分讲究，一定是相互映衬，而不致喧宾夺主，这也是中国古典园林的妙处之一。

“荟”，本是草木茂盛的意思。而多年之后，也正是过于茂盛的草木，让荟亭昔日场景的重现成了泡影。后来，我们也曾想通过电脑三维技术复原这一景象，然而，关于荟亭的传说，没有任何人能够提供详细的说明，查遍历史资料，也没找到任何关于此事的确凿记载，有些专家认为这也许是道听途说的坊间八卦。于是，特技再现也只得作罢。

至今，荟亭的月影奇观，依然只是一个美丽而神秘的传说。这个传说倒是可以让今天的游人平添一段美丽的遐想。

高塔变高阁，千古留悬念。修园不修墙，背后藏玄机。南北风光，天下精华，盛世理想集于一身。晨钟暮鼓，男耕女织，万寿昆明自有乾坤。

第二章　昆明有乾坤

▲ 西堤

公元 1764 年，清乾隆二十九年夏季。在一场大雨中，荷花摇曳，湖光潋滟，山色空蒙。其实，这并不是常见的江南景色，而是北京西北郊的清漪园雨景。

清漪园的建成，让雨水也有了与以往不同的意义。

西山、玉泉山上的雨水和泉水汇集成溪流，顺着纵横交错的水渠，流到山下，灌溉着大片的水田。这里种植的稻米香糯可口，成为皇家专用的贡品。

水流通过玉河注入清漪园的昆明湖。面积达 3300 余亩的昆明湖，实际上成了位于京西的人工水库。就在清漪园建成时，新增的万泉庄水系也完工了。

自此，以清漪园为枢纽，北京西北郊五座皇家园林之中，有四座都由水路连接起来。京郊的这个水利系统，为周边的农田和园林提供了用水。从昆明湖通向护城河的长河，则让清漪园和紫禁城一脉相连。

从紫禁城前往清漪园有两条道路。陆路是出西直门经圆明园向西，由清漪园大宫门进入园内。和陆路相比，走水路去清漪园更加快捷而且有趣。

皇帝的龙舟从西直门外的倚虹堂码头出发，沿着长河行进大约 9 公里，可到达清漪园。今天的北京城，依然保留着乾隆时期的这条水道。

水道大部分狭窄而弯曲，最窄的地方仅容一船通过。在水道的尽头，一座拱桥映入眼帘，它就是清漪园的水上门户——绣漪桥。

穿过绣漪桥，眼前豁然开朗，展现出昆明湖开阔的湖面。正是“山重水复疑无路，柳暗花明又一村”。

放眼前方，就看到了十七孔桥白色的桥身。它连接着昆明湖上的南湖岛。

透过十七孔桥的桥孔，可以看到湖东岸的一道石堤蜿蜒到远处的城关，龙船穿过十七孔桥，向西掠过南湖岛之后，昆明湖和万寿山的全景就像一幅展开的画卷呈现在眼前，湖光山色一览无余。

至此，清漪园山水一体的完整面貌才尽收眼底。一路走来，峰回路转，令人目不暇接的视觉效果来自古典园林艺术中先抑后扬、步移景换的设计理念。

“何处燕山最畅情，无双风月属昆明”，这是乾隆皇帝赞美清漪园的著名诗句。而清漪园留给后人的，除了无双的风景，还有古老的传说、有趣的故事和至今未解的谜团。

从水木自亲码头登岸，人们的目光自然而然地被万寿山上那个巍峨的高阁所吸引，它就是佛香阁，是万寿山的核心建筑。然而，在清漪园最初的设计中，这里并没有佛香阁，而是一座九层高塔。

当年，乾隆皇帝陪同母亲下江南的时候，曾经游览了杭州的六和塔。乾隆母子对六和塔极为喜爱，所以决定在清漪园大报恩延寿寺中仿照六和塔和南京报恩寺的延寿塔，修建一座高达九层的延寿塔。施工过程中，乾隆不时亲自来园内查看，督促工程进度。

乾隆二十三年（1758 年）盛夏，九层的延寿塔已经建到了第八层，高塔巍峨耸立，分外醒目。八月初七，乾隆再次亲临工地视察，然而仅仅两天之后，主管工程的内务府总管大臣三和却突然接到圣旨，命其拆掉当时已建好八层的延寿塔。

这道出人意料的圣旨让所有人大惑不解。根据清宫档案奏事档的记载，建塔拆塔共花费白银三十七万余两，接近修建清漪园总花销的十分之一。

▲ 绣漪桥

▲ 十七孔桥

▲ 十七孔桥狮子

▲ 夕阳下的十七孔桥狮子

延寿塔为什么在几乎完工的情况下突然被拆除呢？后人对此有多种猜测，有人说，是由于砖石结构的九层宝塔过于沉重，造成地基坍塌，只好拆除。还有人说，是因为在这里建高塔不吉利，所以拆除。

令人奇怪的是这样一件大事在相关史料中并没有明确的文字记载。而作为唯一的知情人，乾隆对此事的解释也前后不一，含糊其词。

乾隆在自己的《志过》一诗中提到，延寿塔是自行倒塌的。但延寿塔分明是他下旨拆除的。后来，乾隆又说拆塔是风水的原因，因为北海曾经建过一座塔，第二年就失火烧毁了。乾隆还引用明代的《春明梦余录》一书的记载，说在北京的西北部不宜建造高塔。然而，人们查遍了此书，也没有找到这句话的出处。

随着岁月的积淀，拆塔的原因愈加扑朔迷离，对这个谜团的解读也日益变得五花八门。

在乾隆《志过》一诗中有这样两句：南北况异宜，窣堵建未妥。意思是由于南方的佛塔建在北方，环境条件大不相同，以致延寿塔建而未成。

有人据此从园林风景的角度对拆塔原因作了一番探究。

南方的六和塔建在开阔平坦的地面上，与周围的环境很和谐。

而移植到清漪园中，周边的环境则大不相同，作为核心建筑，万寿山前的延寿塔本应是总揽全园景物的枢纽，如同画龙点睛，在园林艺术中称为点景。

但实际上，九层之高的延寿塔高耸于万寿山上，显得孤立而突兀，与周边的建筑不成比例。同时，如果将延寿塔放在“三山五园”的整体环境中观看，西南方向以玉泉山上的玉峰塔、妙高塔作为衬托，应该起到延展景观的作用，也就是园林艺术中的借景。

由东向西望去，延寿塔与玉泉山上的两座塔三点成一线，显得单调而重复，几乎无景可借。乾隆也许是在延寿塔建到第八层的时候才突然发现了这个问题，所以决定不惜代价纠正自己的失误，以求园林的完美。

大概是身为皇帝，为苛求景致的完美而浪费钱财多少有些说不过去，所以，乾隆对于拆塔的事情才始终语焉不详吧。

当然，这种说法并没有史料证明，与其说是考证，倒不如说是以古典园林学为依据作出的一番演绎。

延寿塔被拆除的真相至今依然是这座园林留给今人乃至后世的最大的悬念。

延寿塔被拆掉之后，乾隆命皇家样式房在废塔的原址上重新设计了一座木质楼阁，这就是后来的佛香阁。

▲ 三塔并列假想（图一）

▲ 三塔并列假想（图二）

“佛香”一词，源于佛经中对佛的赞颂。

佛香阁建造在一座石砌的高达 20 米的方形台基上，陡峭的台基，与湖面基本垂直，台基大大增加了佛香阁的体量，从而也大大增强了佛香阁的气势。

佛香阁高 41 米，阁内有八根铁梨木大柱，直贯顶部。佛香阁是八面三层四重檐的木结构建筑。和之前的延寿塔相比，根基稳固、厚重宏大又不乏开张变化之势的佛香阁，与万寿山横向延展的走势以及中轴线上密集的建筑群更加协调。

佛香阁背靠万寿山，面南而坐，就像统领园内所有景观的君王。它不仅最大限度地发挥了点景作用，而且成为整个园区风景的构图中心和灵魂。

无论从万寿山前的哪个方向、哪个角度观察，几乎都能看到佛香阁。

在不同景物的衬托下，佛香阁显现出变化万千、气度不凡的大家风范。

从昆明湖的西南方向，透过西堤看佛香阁，则另有一番韵味。江南景色和北国风光水乳交融，自然气息和皇家气派浑然一体。

这一幅绝妙的山水画，浓缩了清漪园造园理念的精华。

听鹂馆位于万寿山前山西部，因借黄鹂鸟的叫声比喻音乐优美动听而得名。清漪园时期的听鹂馆分上下两层，面阔五间，中间是一个面积不足 120 平方米的小戏台。

小戏台看似普通，却有着与众不同之处，它与一般戏台的朝向相反，是坐北朝南的。当年的戏台为何如此修建，已无从考证，不过有一个传说一直流传至今。

皇太后喜爱听戏，乾隆陪母亲游园的时候常来这里。相传，昆曲《花子拾金》是乾隆皇帝自己编创的曲目，甚至皇帝本人也粉墨登场，亲自为皇太后表演了一段。

据说，正是由于乾隆有时亲自上台为母亲唱戏，为了保证皇帝处于最尊贵的位置，听鹂馆的戏台才修成了坐北朝南。

从空中俯瞰，昆明湖形状很像桃子，它似乎印证了关于园林的另一个传说，因为清漪园是乾隆为母亲祝寿而修建的，所以昆明湖就是献给太后的一颗寿桃。不论这个传说是否属实，清漪园的确处处蕴含着对孝心的宣扬。

清漪园乐寿堂里栽满了玉兰树。因为乾隆的母亲十分喜爱生长在南方的玉兰花，乾隆就命人从南方引进，种植在清漪园中。玉兰花盛开的时候香气袭人，被称为“玉香海”，成为清漪园著名的景观。北京城种植玉兰的历史也正是从那时开始的。

▲ 听鹂馆

在清漪园的后溪河有一个街市，各种生意应有尽有，热闹非常。其实，这些掌柜、伙计和顾客都是太监宫女和大臣们扮演的。

这条街也是乾隆送给母亲的礼物。

乾隆奉母南巡的时候，曾经在苏州的山塘街游玩。这里的水乡景色和山塘河两岸的店铺给皇太后留下了深刻的印象。

由于皇太后年事已高，江南路途遥远，不便经常出游，于是，乾隆皇帝就在清漪园为母亲修建了这条买卖街。

清漪园中的买卖街主要有两条，一条就是这条后溪河买卖街，也就是苏州街。另一条则在万寿山的西麓，被称为西所买卖街。西所买卖街西临万字河，东靠万寿山，南到石舫，北抵宿云檐。

后溪河的苏州街，全长 270 米，有两百多间店铺。它模仿苏州山塘街一河两街的格局，但它的店面多采取北方风格的“牌楼”形式。店铺的铺面都朝河而开，可以在船上购物。

从此，皇太后不出京城，也能随时享受游江南的乐趣了。

百善孝为先，以孝治天下。清漪园中体现的孝心，不仅是乾隆作为儿子心意的表达，也是作为君王的一种政治姿态，以此将自己对儒家文化的推崇彰显于世。而这种道德的宣扬，在大江南北的汉族民众中更容易深入人心。

皇太后游园的时候最喜欢在长廊中漫步、赏景。长廊东起邀月门，西止石丈亭。中间建有四座八角重檐的亭子，留佳代表春天、寄澜代表夏天、秋水代表秋天、清遥代表冬天。几个亭子走一趟，就如同过了一年。

每个亭子之间的间隔大约是 300 步，这个长度正好是一般行人最佳的散步距离。

位于山水交界处的长廊沿着湖山的走向顺势而建，像一条蜿蜒的彩带横贯东西，把前山各个分散的景点连接起来。

清漪园长廊

这条长达 728 米的长廊，没有山体的倚靠，也没有砖墙的支撑，却能历经岁月稳固如初，也得益于几座亭子的巧妙安排，这些间隔分布的亭子既点缀了长廊的景观，又起到了支撑长廊的作用。

长廊廊枋上绘制的一万多幅彩画，与廊外的自然景观相互映衬。人在廊中游，上看下看，左看右看，处处皆风景。而长廊本身也成为这座园林最具特色的风景之一。

乾隆四十五年（1780 年）二月的一天夜里，清漪园发生了一次意外事件，巡夜的守卫在乐寿堂里发现了一个陌生人。原来，这名叫侯义公的平民，在酒醉之后擅自走了进来，引起一场不大不小的混乱。内务府大臣等若干官员因为此事被追究责任并罚了俸禄。

平民闯入清漪园这已不是第一次了。作为皇家禁地，普通人竟然能够轻易进入，其中一个重要的原因就是清漪园除了文昌阁至西宫门一段筑有围墙之外，其余三面都没有围墙，这在皇家园林中绝无仅有。

清漪园为什么不修围墙呢？一方面是由于帝后并不在此处居住，另一方面则是出于园林景观设计上的考虑。

从乾隆朝宗室画家弘旿所绘的《京畿水利图》中，可以清楚地看到清漪园时期，东堤之外是无垠的田野，点缀着大小园林和村舍。南面是开阔的平原，西堤之外是天然水域和稻田。园林的西面有玉泉山，更远处是西山的群峰。

为了充分利用这个环境，清漪园不设围墙，使园林的景色与周边的自然景物有机地融为一体，无限深远地扩张出去，这就是中国古典园林艺术中的借景。

对于清漪园来说，最有气魄的造园手法就是借景于山。

清漪园往西，数十里外的西山可为远景，林木青葱的玉泉山及山上的玉峰塔可为中景，山下的绿野平畴和园林连为一体，可为近景。远中近三景，如水墨画一般，景物由远及近，色彩由淡到浓。

在远处西山群峰的屏障下，在近处玉泉山的陪衬下，只有 58 米高度的万寿山小中见大，显得气势非凡。放眼望去，西山群峰和玉泉塔影都凝聚在园林景色之中。借景于山使清漪园成为中国古典园林艺术中的典范之作。

园林艺术是一个国家甚至一种文化的形象体现，而不同的文化也孕育了不同的园林风格。

▲ 京畿水利图（局部）

在清漪园之前修建的圆明园中，有仿西式的园林建筑。我们可以看到，西式园林布局工整，严格对称、精于雕饰，可谓巧夺天工。

而中式园林则讲究顺应自然，把人为雕琢的痕迹尽量隐藏起来，达到“虽由人作，宛自天开”的艺术境界。

在万寿山的后山，现在还能看到清漪园时期修建的赅春园的遗址。赅春园沿着自然山势，把建筑分为三层，各层之间用爬山廊或叠石踏步相沟通，利用地势的变化达到建筑高低错落的效果。使整座建筑有了丰富的形态和灵动的空间。

位于赅春园第三层的清可轩曾经是乾隆的书房，室内靠南侧的整面墙壁都是裸露的岩石，现在我们还能看到石壁上面镌刻的乾隆咏清漪园的诗句。

这面天然的墙壁和人工建筑浑然一体，为这座书房平添了几分风雅。

清漪园中的建筑讲究与不同的环境和意境相配合，富于变化，不拘一格。

园林中的桥有平桥、拱桥、亭桥，形态各异，大小不一。高耸的玉带桥，龙舟通过绰绰有余，低矮的知鱼桥几乎贴近水面。彩虹般的十七孔桥，有 150 米长，小巧的半桥，一步就能跨过。

清漪园中有四十多座亭子，各具特色，多姿多彩，它们既是山水之间不可或缺的点景之作，又是人们游园时的歇息之处和最

▲ 清可轩（复原图）

佳的观景场所。

坐落在十七孔桥东端的廓如亭，是清漪园里最大的亭子。亭子呈八角形，所以又叫八方亭。廓如亭由 24 根圆形的柱子和 16 根方形的柱子共同支撑，向上攒尖的重檐使廓如亭显得舒展而又壮观。

乐寿堂作为清漪园居住生活区的主建筑，是慈禧太后的寝宫。进入乐寿堂西边的一个小跨院，人们会不由自主地低头俯视，地面上用石头摆出的装饰造型酷似一把折扇的扇柄，顺着八根扇骨向前望去，眼前的建筑正是一个扇面的形状。因为形似打开的折扇，所以俗称扇面殿。这大概是园内造型最为奇特的建筑了。它的名字也很奇特，叫作“扬仁风”。相传晋代文学家袁宏做官上任之前，朋友谢安送他一把扇子，袁宏对朋友的用意心领神会，答谢道：“我到任后，一定弘扬仁风，为百姓造福。”

“扬仁风”就是根据这个故事修建的。而这座建筑奇特的外貌背后，也蕴含了弘扬仁义道德的寓意。

独特的造园艺术孕育出奇美的景色，清漪园中的美景也常常让乾隆诗兴大发。

乾隆一生写过 42000 首诗歌，当中咏清漪园的诗就有 1500 多首。他还喜欢让同游的大臣和他一起吟诗作赋，在游园赏景轻松愉快的氛围中，君臣唱和，其乐融融。

“园中平地、山岗和湖边，树荫遮覆，像天生处处亭楼。珍

▲ “扬仁风”扇面殿

▲ “扬仁风”扇面地砖

宝堆聚，巧修成座座宫殿。神力人工，在这里比美竞秀。”

这首赞美清漪园景色的诗听起来十分特别，原来这是一首译成汉语的藏文诗，它的作者叫土观却吉尼玛，是青海第三世土观活佛，也是著名的藏族学者。

1763 年，27 岁的土观奉诏进京，当他第二年到达北京的时候，恰逢清漪园落成。作为乾隆皇帝的御前常侍禅师，土观经常陪同乾隆前往清漪园。那首诗大概就是当时土观与乾隆的唱和之作。

乾隆时朝，清政府已经实现了对蒙藏地区的完备管理。不少蒙藏的高僧学者在朝为官，乾隆与各宗教领袖关系密切，在相互交往当中，乾隆被尊称为菩萨，而乾隆也喜欢以文殊菩萨的化身来替代自己帝王的形象。

乾隆四十五年（1780 年），乾隆皇帝七十寿辰。这一年，昆明湖里新造了一艘长达四十多米的大船，名叫昆明喜龙舟。九月初三，乾隆皇帝下旨，喜龙舟要做好一切准备，迎接一位从西藏远道而来的贵宾。这位客人就是六世班禅额尔德尼。他亲自来到北京为乾隆皇帝祝寿，成为历史上首位进京的班禅。

乾隆四十五年农历九月十六日，班禅额尔德尼从绣漪桥乘上插有绣龙旗的喜龙舟，然后，从云辉玉宇码头登岸，到大报恩延寿寺拈香礼佛。

当时，在皇家建筑中必有各种宗教的佛堂寺庙。清漪园的宗教建筑之多在皇家园林中数一数二。园中各处供奉的佛教、道教、藏传佛教等佛像共有15120尊。晨钟暮鼓，梵音袅袅，香火繁盛，堪称佛国天堂。

位于万寿山前山最高处的智慧海，外墙和屋面都由彩色琉璃瓦装饰，色彩富丽、造型庄重。它是一座佛教建筑，全部用砖石发券砌成，不用坊梁承重，又称无梁殿。

万寿山后山的这片藏传佛教建筑群叫四大部洲。

四大部洲

佛教四大部洲是梵文的意译，简称“四洲”。

按《阿含经》所说，人间有四个天下，这四个天下就是四大部洲，分别代表四类社会阶层里的人道众生。一是东胜神洲，二是南赡部洲，三是西牛贺洲，四是北俱卢洲。

在四大部洲旁边又有八小部洲，分别是提诃洲、毗提诃洲、舍谛洲、上仪洲、遮末罗洲、筏罗遮末罗洲、矩拉娑洲、拉娑洲。

根据佛经的描述，佛居住在须弥山，周围是咸海，海上四方有四个大部洲和八个小部洲。清漪园四大部洲的建筑正是佛经中宇宙世界的现实体现。

在建筑群的前后左右建有四个大部洲。每个大部洲旁边各有两个小部洲。在建筑群的四个不同方向，建有四座不同颜色的梵塔。塔上有十三层环状“相轮”，表示佛经“十三天”。

四大部洲东西两侧各有一个台殿，台座呈弯月形的是月台，

▲ 雨中石栏

台座呈圆形的是日台，象征着佛身周围日月环绕。

在四大部洲的中心，是一座具有浓厚藏族色彩的建筑，它叫香岩宗印之阁，是以西藏地区一所著名的喇嘛教寺院——桑耶寺作为蓝本修建的。香岩宗印之阁象征佛经中的须弥山，是四大部洲的核心建筑。

各种宗教的兴盛和融合，成为国家强盛、疆域稳定、民族团结的象征。乾隆十分喜爱清漪园。据记载，他来清漪园游览拜佛共有 132 次。每当登上万寿山极目四望的时候，乾隆更像是一位总设计师在欣赏自己的得意作品。

清漪园占地近 300 公顷，水面约占四分之三。以大报恩延寿寺和佛香阁为核心的前山中央建筑群宏丽壮观。湖山之间点缀的楼阁堂轩、廊桥亭榭，各具风采。

借景于自然环境，让清漪园的美景远远超出了园林本身。而寓意于山水建筑，则使清漪园的内涵也远远超出了园林本身。

对乾隆来说，清漪园也许不仅仅是他最钟爱的园林，更是一座凝结着他的治国理念和政治理想的模型。

清漪园汇聚了南北风光的精华，代表清王朝疆域内不同的自然环境；耕织图里男耕女织的景象表现了首重农桑、物阜民丰的经济实力；秀美繁华的南方水街与庄重威严的四大部洲相结合，体现了民族团结、文化融合和尊礼重教、稳定和谐的社会秩序。

清漪园，大概正是这位盛世皇帝心目中天朝大国理想社会的完美缩影。

位于南湖岛的广润祠，是皇家祈祷社稷平安、风调雨顺的地方。

1795 年，清乾隆六十年，也就是乾隆在位最后一年的农历四月，久旱未雨。乾隆亲自到广润祠拜神祈雨。就在当天夜里，果真天降甘霖。满心欢喜的乾隆第二天又来到寺里拜谢龙王，并把广润祠增号为广润灵雨祠。

正当广润祠中香火旺盛的时候，在遥远的西方，一场以机器生产替代手工劳动的工业革命正方兴未艾。

1812 年，清嘉庆十七年农历五月，乾隆的儿子嘉庆皇帝因为祈雨灵验，决定此后每年春秋两次定期派遣官员到广润祠拈香祭拜。

与此同时，蒸汽机在西方已经广泛使用，以蒸汽机为动力的轮船也已经制造出来。

1860 年，清咸丰十年农历二月二十七日，乾隆的曾孙咸丰皇帝到广润祠拈香祈福。

此时，发动第二次鸦片战争的英法联军的舰队已经逼近了中国的渤海湾。

这是清漪园最后一次迎接皇帝的临幸。仅仅几个月之后，这座百年华园就在一场大火中，彻底毁灭。

▲ 四大部洲中心建筑香岩宗印之阁（一）

▲ 四大部洲中心建筑香岩宗印之阁（二）

导演手记：《颐和园》拍摄往事

刘　华（第二集编导）

偶尔一日晚上，望着书架上几本厚厚的书发呆。这几本书的名字分别是《中国古代建筑史》《中国造园艺术史》《颐和园志》《北京志—颐和园志》《颐和园》《乾隆皇帝传》。三年来，这些书不知被翻了多少遍。一位远道而来的朋友半开玩笑地问我：“啥时候搞起园林学研究来了啊？”我心里一阵惭愧，离园林，我远着呢。

参与拍摄纪录片《颐和园》，是我的幸运。我被分做第二集《昆明有乾坤》，主要内容是讲述颐和园的园林艺术成就。更多的是讲述颐和园的前身——清漪园。

清华大学建筑学院出的《颐和园》，描写了颐和园的前世今生，但唯独对乾隆时代的清漪园讲述却不详细。同样的情况，在另外的几本书中也一样。尤其在《颐和园志》中，乾隆年代发生的大事寥寥无几，有些记载似乎还和园林建设毫无关联。这主要是因为留存下来的历史记载太少。清咸丰十年，1860 年 10 月 7 日，英法联军将皇家园林三山五园全部焚毁，完整保存

109 年的清漪园被付之一炬。清代诗人王闿运曾这样描述被烧后的景象：

玉泉悲咽昆明塞，唯有铜犀守荆棘；

青芝岫里狐夜啼，绣漪桥下鱼空泣。

这就是一代名园胜苑凄凉景色的真实写照。在《颐和园》动画特效复原中，滚滚大火中的佛香阁，更像一个祭坛。这是题外话。更为不幸的是，在几百年前的这次事件中，一些完整保留的清漪园图档资料也被毁于一旦。

既然资料几乎都毁于一旦，我的片子又该从何谈起呢？

记得第一次进入颐和园拍摄，是 2006 年的夏天，天气异常闷热。游人也超乎想象得多，整个昆明湖，满眼都是小游船，像热锅里下饺子。直到傍晚，园里才慢慢安静下来。此时的颐和园异常美丽。夕阳，远山，近湖，伴随游人偶尔的声音，远离喧嚣，更像一座世外桃源。或许这时才能和当初的园林创造者乾隆一样，体会园林的绝妙之处。“何处燕山最畅情，无双风月数昆明。”这是乾隆描写清漪园最著名的诗句。

“空间是建筑的本质”，其实不妨从建筑本身说起。古人云“知者乐水，仁者乐山”，这显然是将自然美归结于人对自然的情感。从另一个方面来说，自然之美也一直是中国人崇尚追求的独特美感。从中国绘画艺术追求的不在于形似而在于神似这一点，也可以充分反映这一特征。要说什么是具有高度自然精神的建筑环境，那就是中国园林。而清漪园就是这样的建筑。

从现在的颐和园整体格局来看，山前有湖，水环绕着山，还有园中园。一切取决于水。当年的清漪园就位于北京现在的海淀区，事实上，海淀的“淀”的意思就是会聚水的地方。水代表平静和安宁，是中国园林不可或缺的元素。清漪园可以说是真正的水景园。从现在的卫星图片来看，这个地方的自然地势和轮廓十分柔和。遥想当年，更是如此，西边是绵延的山峰和数不清的溪流，这就是有名的西山。边上是香山和玉泉山，山脉间相互交错，阴阳调和，在风水堪舆上是兴隆的象征。所以，这里当然是造园的绝佳场所。细查资料，内务府大臣苏赫纳于乾隆十九年闰年四月初九奏请增加清漪园管理人员编制的奏折里的附件中，无意识地透露出，清漪园时期的主要建筑物和建筑群组共有101处，当然一些小的值房、花房、园林小品并不在内。亭台楼阁榭，堂廊斋轩舫，应有尽有。慢慢地，清漪园在我心里就有了一个初步轮廓。而这些感受必须要在园林里才能有所体会。

记得在颐和园管理处二楼会议室开专家会议时，一名颐和园的老专家满怀感情地说：“在颐和园，天空都会参与园林的景色中来……”在拍摄的第三天，对这句话就有了些体验。明明是烈阳高照。中午时分，突然间，狂风大作，乌云密布，园林里顿时“风生水起”。当时，我们小组正在园中石舫附近拍摄。设备员冯松见此情景，担心他的宝贝机器进水，叫嚷着要进屋休息。我看到这样难得的天气，哪肯休息，摄影朱兴辉和我一样，一边拍摄，一边安慰冯松，我们可以在荇桥上拍，荇桥是亭桥，可以往四周拍，就是下雨，上面有亭子，咱们也不怕。没想到，摄影刚把机器架在荇桥上，豆大的雨点就开始落了下来，夹杂着西北风，雨点竟然横着飞了过来，一时间暴雨成灾。雨水很快打湿了我们的衣服，只有亭子的荇桥无处藏身。没办法，我和摄助苗壮、剧务刘垚起身站在摄像机前面，挡住雨水。这时候，我回头一看，朱兴辉还在对着石舫拍摄。突然间，一阵惊呼，设备员冯松用手牢牢地抓住三角架，原来是风实在太大，差点把荇桥里躲雨的游人吹到水里去。摄像机在风中也晃动起来，朱兴辉还是不肯停机。风越来越大，雨也越来越急。万幸的是，我们的制片提前收听了天气预报，特地为我们准备了一件厚厚的雨披。在冯松的惊呼声中，朱兴辉不得已停止了拍摄，我们也顺势把那件雨披包在了摄像机上，摄制组八个人紧紧围着摄像机站立……那一天，所有人全身湿透，无一幸免。当天回到台里一看回放，一个个都惊呆了，只见镜头里的昆明湖，雨水紧贴着水面迅速前行，一瞬间，风雨飘摇；再看水中的石舫，也许是雨水太大太急的缘故，这艘用巨大青石雕砌而成的石舫也居然有了走动的感觉。“水则载舟，水则覆舟”，或许只有在那一刻才能真正体会它的深刻含义。后查资料才知道，颐和园位于西山脚下，是北京城的风口，据《日下旧闻考：国朝苑囿》记载：“绣漪桥北湖中圆岛，上为凤凰墩。”乾隆御制诗里也有“渚墩学皇埠，上有凤凰楼”的记载，“建金凤，张翼随风而转，以相风也”，故称“凤凰墩”。这也难怪当天会有这样的狂风暴雨。再到后来片子编辑的时候，谈到园林受到外来侵略的时候，这几个画面，终成了片中的“经典”。

那么，园林建造上的艺术“经典”又在哪儿呢？

“秀水明山抱复回，风流文采胜蓬莱。”经过十五年的改造，清乾隆二十九年，一座完美的山水园林终于在北京西北郊建成。这就是著名的清漪园。几百年的风雨历程，往日的园林早已不在。但是，从2006年夏天开始，我们的摄制组就一直在记录着它的变化。随着拍摄的深入进行，我不禁和一群古人较上劲来。我一直在想，古人为何要建造这座园林。查得的资料上的原因似乎很简单——皇帝要避暑消夏。这也是理所当然、名正言顺的理由。可是，早年曾经在白山黑水生活的清代统治者在乾隆时期，已经经过将近一个世纪的体验，其实早已适应了中土的天气。避暑纳凉不再是第一位原因了。另据一些史料记载，皇上建造这座园林是为母庆祝六十大寿。理由也很充分：把昔日的瓮山改名为万寿山，把西湖更名为昆明湖。而且，乾隆又是一个出了名的孝子，贵为皇太后享受这样的一座园林似乎是顺理成章。更有一种说法是治理北京城的水系，形成一个巨大湖泊后，何不造几座建筑点缀一下。皇帝有文明证：“盖湖之成以治水，山之名以临湖，既具湖山之胜概，能无亭台之点缀？”

或许皇家的尊严和享受以及身份的象征才是真正的目的。

当你有一天信步走在颐和园昆明湖东堤上的时候，一切就变得很释然。以昆明湖上的南湖岛为前景，远处的西堤为中景，再远处的玉泉山、西山以及天空为远景，随着你的脚步向前移动，在你的眼前，整个昆明湖就像一幅展开的长长的画卷。园林中该有的应有尽有。前行中，你会体会到什么叫作“步移景换”。随着距离的变化，南湖岛的位置也发生了变化，长长的画卷像是在慢慢打开，这种用人工岛来隔湖的手法，不但增加了湖上的景点，同时又隔出了层次，隔出了景深，而且也隔出了境界。还让南湖岛上的建筑与万寿山形成了“对景”，停下来，你会欣赏到什么叫作“借景”。远处的玉泉山和玉泉塔，以及更远处的西山，其实根本不在园内，而是古人利用“借景”的手法将它借到园中来。仿佛与颐和园是一个整体；如果从园林的正门东宫门进入园内，过仁寿殿（旧时叫勤政殿）到玉澜堂。突然之间，眼前出现一个豁然开朗的空间迎接你，昆明湖上优美的景色，开阔的空间，在顷刻之间你甚至能感受到远山吹来轻柔的风。这里又充分体现了园林艺术中“藏”和“露”的结合。当然，万寿山上的佛香阁，更是园林中最具“点景”作用的建筑，也是颐和园湖山建筑的构图中心。阁的位置并不在山顶，却巧妙地增加了山体和建筑之间的空间层次。相传当年曾发生过“拆塔建阁”的故事。当然，这件颇为蹊跷的事也成了我第二集故事的开端。

总策划、总撰稿赵微主任常常对我们的脚本不满意。说太像“说明文”。因此她不得不为我们反复修改文稿。于是，在我的文稿标题上常常出现这样的字样“× 月 × 日第二集最后一稿，此前作废”的字样。在最后成片之前，我一看，不禁吓了一跳，这样的标题居然出现五十次有余。感叹一声，不得不佩服赵主任做事认真的态度。当然，这一切都是因为几百年前的那场大火害苦了我们。资料的缺乏，是我这一集最大的问题。乾隆年代关于园林的记载只能从乾隆御制诗里寻找线索。有关的人物更是少之又少。然而这一切都没阻碍赵主任，她总能从记载的只言片语中找到灵感，把它们写成完整故事片段。由此也拉开了我片子故事化讲述的序幕。

片子的拍摄让我们饱尝欣赏园林的快乐。但是每每看到后山那些遗址和周边日渐逼近的商业住宅，心里又不免起了很多担忧。悉闻昆明湖里的水早已经不是西山上的泉水。这个面积达3000余亩的大湖需要靠每年从外面买水来支持。环境的变迁也许会使这个昔日的皇家园苑渐渐地成为一个盆景。到那个时候，或许只能从我们的片子里才能看到昔日无与伦比的名园胜苑了。

但愿这一切只是杞人忧天。

一场大火，葬尽繁华。一棵古树，劫后重生。一个家族，绝艺再现。一项工程，内幕重重。皇家园林终成千古绝唱，是非功过任由后人评说。

第三章　绝艺筑颐和

▲ 排云门前铜狮

有一天，两个来自欧洲的强盗闯进了圆明园。一个强盗洗劫财物，另一个强盗放火。似乎得胜之后，便可以动手行窃了。他们对圆明园进行了大规模的劫掠，赃物由两个胜利者均分。

——维克多·雨果

1861 年 11 月 25 日于高城居

1860 年 10 月 18 日下午两点，清漪园成为一片火海。纵火者是四年前挑起第二次鸦片战争的英法联军，他们以这样的方式胁迫清政府尽快签订不平等条约。

英国随军记者沃格曼，在当天发回国内的报道中这样描述他在园中看到的情景："最引人注目的是那个建在高处、俯瞰全园的高大楼阁，它耸立在高高的花岗石台阶之上，四周被熊熊的烈焰所包围，看上去就像是某个处于火海之中的巨型祭坛。”

另一名随军记者贝阿托则用照片的形式记录下这场劫难。大火过后，万寿山上的佛香阁荡然无存，露出了后面琉璃质地的智慧海，前山中部的大报恩延寿寺也变成了一片废墟。万寿山东部的水木自亲、玉澜堂等建筑化为焦石瓦砾，后山四大部洲的木构建筑全部被毁。

在新闻报道的结尾，沃格曼这样写道：“园内遍地狼藉，只剩下坚实而无法摧毁的巨石，它们将留下来告诉未来的人们，这里，曾经有一座美轮美奂的皇家园林。”

不仅是清漪园，这一天的纵火导致北京西郊的几座皇家园林全部毁灭。

六天后，皇家园林的毁灭换来一纸《北京条约》。英国和法国各获得 800 万两白银的赔偿，英国还攫取了九龙和新界。当清政府官员与英法代表在礼部大堂签订条约的时候，北京西北部的天空中还弥漫着黑色的烟气，签约的官员甚至闻到了松柏木燃烧的气味。

乾隆皇帝倾尽智慧与热情修建的清漪园，就这样，死了。

大火之后，被废弃的清漪园在荒凉寂寞中度过了 26 个春秋。

1886 年的一天，几个人的到来打破了园里的沉寂。他们仔细

▲ 英国随军记者贝阿托拍摄的焚毁前的昙花阁照片

▲ 清漪园大火（特效图）

样式雷

清康熙年间，江西建筑工匠雷发达自江宁（今南京）来到北京，参与宫廷建筑的设计和建筑，由于雷氏设计精湛、技术巧妙，逐渐被委以样式房的掌案头目，即政府首席建筑设计师。此后的数百年里，雷氏一族一直从事皇家建筑的设计建造工作，圆明园、颐和园、历代皇陵都出自他们的设计，故宫、避暑山庄、天坛等重要建筑的修缮工作也由他们主持，雷家逐渐成为有清一代建筑业的翘楚，因此被世人尊称为“样式雷”。

查看着园林损毁的状况。走在前头的，名叫雷廷昌，他的家族人称“样式雷”，世代营建皇家工程，曾经设计建造了避暑山庄、圆明园、畅春园，修缮过紫禁城、天坛和清漪园。

1860 年，雷家第七代传人雷廷昌只有 15 岁，他亲眼看到清漪园毁于那场大火。雷廷昌没有想到，26 年之后，他会走进这片废墟，从此，他的命运与清漪园紧紧联系在一起。

雷廷昌这次进园考察，是奉了醇亲王奕譞之命，奕譞是咸丰皇帝的弟弟，慈禧太后的妹夫，当朝光绪皇帝的生父。1860 年清漪园被烧毁时，他正跟随咸丰皇帝在承德避难。如今，奕譞已经成为慈禧太后最倚重的大臣之一。

而他的际遇变迁，也和清漪园的修复有着密切的关系。

清朝的统治者，来自气候凉爽的关外。而北京的夏天，干燥酷热，令他们非常不适。所以，入关不久，清皇室便开始在北京西北郊修建皇家园林。在清朝鼎盛时期，皇家园林是帝王休闲娱乐、怡情养性的场所，也是国泰民安、盛世气派的象征。

然而，当国运衰退的时候，皇家园林的修建与否，却成为引发矛盾的导火索。26年来，围绕园林的重建，朝廷内部争议不断。

1873年，也就是皇家园林被烧毁十三年之后，修复园林的话题第一次被提起。当时，刚刚亲政的同治皇帝发布了修复圆明园的上谕。虽说是皇帝下诏，但大臣们都明白，这是慈禧太后的意思。

修复圆明园的上谕刚发布，就在朝中激起了轩然大波。以恭亲王奕訢和醇亲王奕譞为首的反对派，认为当下国力衰微，修园会让天下人心涣散。奕譞甚至当庭痛哭，力谏皇上停止修园。最终，同治皇帝只好让步，宣布停下圆明园工程。

转眼间，又一个13年过去了。

1886年，重修皇家园林的事情被再次提起。但这次，率先站出来表示支持的，竟是同治年间坚决反对修园的醇亲王奕譞。令奕譞改变立场的原因究竟是什么呢？

原来，圆明园修复风波之后不久，同治皇帝就去世了。当晚，一道谕旨从养心殿东暖阁发出。四岁的载湉被慈禧太后推上皇位，成为光绪皇帝。

▲ 前山焚毁后老照片

▲ 残留宝云阁

▲ 后山四大部洲焚毁后

▲ 焚毁后重修（模拟图）

光绪正是醇亲王奕譞的亲生儿子。也许是对慈禧太后权势的畏惧，也许是对儿子看似荣耀、实则吉凶难料的前途充满忧虑，据记载，奕譞当时的反应是："碰头痛哭、昏迷伏地，掖之不能起。"

儿子即位后，奕譞为了避嫌，立即辞官退隐。

1885 年 10 月，朝廷为了振兴海防，成立了海军衙门，在家赋闲 10 年的奕譞受命海军事务。

1886 年，十六岁的光绪皇帝即将亲政，慈禧太后又看到了修复皇家园林的好机会。此时的慈禧太后已经大权在握，但同治年间的圆明园修复风波，仍然让她心存顾忌，她知道，在时局不稳的今天，要找一个充足的理由启动修园工程并不是件容易的事。

醇亲王奕譞对太后的意思心领神会。

自从儿子做了皇帝，奕譞就变得小心谨慎，行事必先考虑皇帝与太后之间的关系。如今皇帝就要亲政，如果修复一座皇家园林，让慈禧太后到那里养老，从此放手朝政，那么，皇帝就可以得到更多的实权。正是出于对儿子利益的考虑，奕譞转变了立场，从修园的反对派，变为坚定的支持者。

在已废弃的五座皇家园林中，圆明园占地规模最大，并且损坏严重，不易修复，加上同治年间的修园风波，修复圆明园太过敏感不好再提。而畅春园、静明园、静宜园都太小，不能满足太后的需要。最终，奕譞选中了清漪园。

清漪园占地规模适中，有天然的山形水系。园中留存了一些建筑的基本架构，修复起来相对容易。同时，清漪园是乾隆为母亲祝寿修建的园林，这次为慈禧太后重修，有先例可循。

更为重要的是，乾隆年间，昆明湖曾用来操练水师，而眼下，朝廷正在筹建北洋水师，这让奕譞想到了一个启动修园工程的好主意。

1886 年 9 月，醇亲王呈上奏折，请求恢复昆明湖水师操练旧制，同时，为了恭迎太后阅师，请求修复沿湖一带破损建筑。

这份奏折令慈禧太后十分满意，她立即批准，并说：既然海军衙门要在那里操练水师，那就自己找钱去修那些破旧的建筑吧。

就这样，本应由内务府奉宸苑负责的皇家园林修复，却成了海军衙门的承建项目。一项清朝历史上最奇怪的工程，悄悄拉开了序幕。

被醇亲王奕譞任命为园林工程总设计师的雷廷昌，详细勘察了清漪园的现状，此时的清漪园处处是破败的景象：十七孔桥虽然因为汉白玉质地而免于大火，但桥头石栏毁损严重；万寿山顶的松柏所剩无几，失去佛香阁的花岗石台阶，已有部分坍塌；宝云阁几乎湮没在荒草中，屋檐破损不堪，风铃早已遗失；石舫的底座上，竟长出了几棵一人多高的小树。

乾隆年间的清漪园图纸藏于圆明园样式房，在 1860 年的大火中，多数已经遗失。如今，雷廷昌只能在遗存的旧基上重新丈量，再凭借经验，一步步复原已经失去的建筑。

当雷廷昌有条不紊地进行准备工作的时候，奕譞正在为修园经费头疼不已。既要设法筹款，又不能明说修园一事。

从 1886 年年底奕譞写给李鸿章的借款信中，可以想象他焦急又无奈的心情。

然而，奕譞的烦恼并没有影响到雷廷昌，此时，修园的准备工作进入又一个关键的程序：制作烫样。依据先前丈量的数据，按一定比例，用纸片、木条制作成建筑模型，再用小烙铁熨烫成型，这就是烫样。最后，烫样要加上说帖，注明建筑的尺寸和形制。呈送皇帝和慈禧太后御览。

大戏楼是清漪园里没有的，因为慈禧太后喜欢听戏，所以这次修园，特别添建了大戏楼，以满足慈禧太后的这一嗜好。

在当初的设计中，德和园大戏楼位于昆明湖畔，建筑的一半延伸到水中，后经光绪批示，改建在万寿山东部。建成后的大戏楼高达 21 米，是迄今为止中国保存最完整，也是规模最大的戏楼。

烫样审定后，下一步工序是绘图。雷廷昌为重建清漪园绘制了至少 308 张图纸，所用的工具，只有圆规、直尺、毛笔和炭笔。

在《清漪园全部地盘图》上，以前园中所有的建筑被一一标示出来。在雷廷昌的计划中，这些建筑都将被重新恢复。

然而，有一处建筑，并没有在图上被标示出来。不过，它却是园林工程中最先建成的，也是园中唯一与海军有关的建筑。

它就是昆明湖水师学堂。

1886 年年底，水师学堂在清漪园耕织图景区的废墟上建起来。就在水师学堂开学的那一天，几位海军衙门的官员匆匆主持了开学典礼后就奔赴万寿山，参加在那里隆重举行的排云殿供梁仪式。

万寿山前山的中央曾经是清漪园大报恩延寿寺所在地，如今，在它的原址上将改建排云殿。排云殿是专为慈禧太后修建的，也是清漪园重建工程中的核心项目。

1886 年年底，排云殿工程在慈禧太后的亲自关注下紧锣密鼓地展开。骆驼是当时重要的运输工具。它们从深山中运送来建筑

▲ 水师学堂院内永和轮

所需的青灰，为了节约运费，从不空跑，卸下青灰，再从工地上把废墟的渣土运走。

雷廷昌仿照紫禁城外朝的形式，将排云殿分为三进院落。形成集佛寺和朝殿为一体的建筑群。排云殿工程从清理场地到最后竣工，历时九年，几乎贯穿了清漪园重建工程的始终。

排云殿是园内体量最大的宫殿，建筑工程浩大。当时，一个工人工作一天叫一个工，而排云殿光是内部装修就用工275724个。

排云殿的殿内面积将近800平方米，内部装修时首先要用隔断和半隔断的方式把殿堂分割成不同的空间和区域，既要保证空间的流动感和通透性，又要兼顾装饰美化功能，这是中式建筑中特有的装修手法。

排云殿中分割空间的装修多达七种，共二十九件，数目之多，在中国古典园林建筑中，首屈一指。

有一种隔断叫作碧纱橱，又叫隔扇。碧纱橱中间的两扇门可以打开，使得空间的分与合可以根据需要灵活掌握。碧纱橱上的木雕图案是万字、蝙蝠和寿桃，寓意“万福万寿”。

装饰性极强的花罩，是半隔断装修的一种，它有很多种形式。

栏杆罩的两根落地的栏杆，将空间一分为三。上面的蓝色夹纱，是产自江浙的芝麻纱，织法精细，飞舞的蝙蝠栩栩如生。栏

▲ 排云殿内隔扇门

▲ 排云殿院内露陈墩和摆放的青铜器（效果图）

杆罩的雕版，采用了当时流行的工艺复杂的透雕。

八方罩呈八角形状，罩板上面雕刻的花纹，犹如冰面上裂开的纹路，所以叫冰裂纹。这种简单的图案，在皇家宫殿的花罩装修中，十分罕见。然而，在装修形式繁复，极尽雕琢的排云殿中，这个简洁大方的图案，打破了视觉的重复和疲劳，令人眼前一亮。

花罩不仅有装饰作用，也有实用功能。

炕罩主要安置在床榻之前，起到遮挡视线的作用，里面还可以挂幔帐。举办万寿庆典之前，慈禧太后就在这里休息。

用来摆放古玩的多宝格，中间留有穿行的门洞，这也是一种半隔断装修。据记载，排云殿内，只有多宝格是使用真正的紫檀木装修的。因为当时，紫檀价高而稀缺，不可能大量使用；雷廷昌采购的木料，大都是普通的草花梨和楸木。

但是草花梨颜色浅淡，楸木黯无光泽。为了显现高贵典雅的感觉，雷廷昌便将木料做了染色处理。

据说，慈禧太后原本想将排云殿作为自己的寝宫。工程尚未结束，慈禧太后就迫不及待地住了进去，结果，当晚就生了一场大病；她突然想到，这里以前是大报恩延寿寺，会不会是因为在佛寺的旧址上建寝宫，冒犯了神明，才染上了重病？于是，她把寝宫改在了乐寿堂，不管这个传说是否属实，排云殿最终成了慈禧太后举办万寿庆典的场所。

在《排云殿露天陈设分位图》上，下面两个圆圈的位置，被种上了白皮松，松树有延年益寿的含义，烘托了排云殿作为祝寿场所的吉祥气氛。

院内露天摆放的物品被依次编号。这些青铜器有的是宫廷内传世的珍宝，有的是慈禧太后的生日贺礼。现在陈放在文昌院展厅里的三牺尊，产自2000多年前的商朝末期。当年，它曾经摆放在排云殿院内的露陈墩上。

为了节省经费，一些乾隆时期遗存的旧物被收集起来，作为新园的露天陈设。排云殿前的两只铜狮是从畅春园废墟上挪来的，造型仿照十二生肖的十二块太湖石，也来自畅春园遗址。

图纸上稍大的红色圆圈，表示庭院植树；从土建施工到装修和陈设，无不凝结着雷廷昌的心血。而建筑主体与内部装修以及室外陈设协调互补，相互映衬，浑然一体，这正是中国古典园林艺术完整的设计理念。

虽然园林的修建一直秘而不宣，但是如此大的工程实在难以掩人耳目，朝野上下的猜测和议论越来越多。

1888年3月，慈禧太后为了平息舆论，干脆以光绪皇帝的名义发布上谕，称清漪园是乾隆为孝敬母亲修建的，光绪皇帝也要重修它来孝敬皇太后，取“颐养冲和”之意，清漪园改名为颐和园。

直到这时，已经秘密进行一年多的园林重建工程才大白于天下。

随着上谕的发布，一直为建园经费四处奔走的奕譞从秘密筹款变为公开挪用，而这时大清的海军建设也进入关键时期。

1888 年年底，也就是颐和园工程公开半年之后，北洋水师正式成军。从此，中国拥有了一支在当时位列世界第八、亚洲第一的海军舰队。

北洋水师在渤海湾举行了一次大规模阅师行动。这些新式军舰都有着威猛吉利的名字，其中包括后来为人们所熟悉的镇远、超勇、扬威等。

在颐和园昆明湖的西北角，有一艘船。这艘巨大的石船，在清漪园时期叫作石舫，它仿照江南水乡岸边泊船的习惯，船尾向外，船头朝向岸边。当年，石舫的舱楼是中国传统样式。乾隆用这艘石舫提醒自己时刻不忘“水能载舟亦能覆舟”的道理。

1860 年，石舫上的舱楼被英法联军烧毁。这次园林重建时，石船得以修复，改名为清宴舫，样式也按照慈禧太后的喜好改为西式舱楼，修造舱楼的材料看似是石材，其实是木料制成，再描绘上大理石的花纹。清宴舫船体的两侧还添建了两个西洋火轮船式的机轮。

修好之后，这里成为慈禧太后品茶用膳、消暑观景和中秋赏月的地方。也许是清宴舫的外形与军舰有几分相似，因此后来有人以为，它被用来象征帝国永不沉没的水师。

如果真是这样，那么，这艘无法启航的大石船似乎在一开始就预示了大清海军的悲剧命运。

颇具规模的北洋水师建成没多久，经费就渐渐入不敷出。与此同时，由海军军费支持的颐和园工程也变得捉襟见肘。一些地处偏僻或是功能较少的建筑，有的简化了造型，有的则干脆放弃修复。

昙花阁，是一座两层重檐楼阁，六角攒尖顶，建筑平面酷似昙花，因而得名。昙花阁屹立在万寿山东麓制高点，点缀着这里的青山绿树。昙花阁是一座宗教建筑，登阁远望，昆明湖全景尽收眼底。

雷廷昌为重建昙花阁至少准备了三套方案。先是两层阁楼简化为一层，双层屋檐改为单层，但仍保留了原建筑的昙花形基座；随后，原先的攒尖屋顶被拿掉；后来，雷廷昌又将攒尖屋顶改了回来。最终，由于经费所限，这座建筑变为十字形，由于形状不再像昙花，名字也改成了景福阁。

单层的景福阁再也无法俯瞰全景，成为观雨的场所。而万寿山东麓，失去昙花阁后，则缺少了重要的点景建筑。

比起简化了的景福阁，有些建筑则更加不幸，它们已经永远消失了。

治镜阁位于昆明湖中三岛之一的团城岛的中心。团城岛和南湖岛、藻鉴堂岛一起，象征着东海中漂浮的三座“仙山”。而这座顶覆黄色琉璃瓦、造型奇异的高大建筑，显然是对想象中的仙山琼阁的模拟。治镜阁曾经是清漪园西北部湖面上最为抢眼的点景建筑。

据说，1860 年英法联军纵火时，烧掉了湖上的船坞，当看到孤悬湖中的治镜阁时，只能望湖兴叹，治镜阁就这样幸存下来。但同治年间，它的木料被拆卸，用于圆明园修复。最终，治镜阁只剩下了基座。

雷廷昌为恢复治镜阁绘制了彩图立样。但由于经费不足，这座建筑永远留在了图纸上。

如今，这里是一座空寂的小岛；只有年年复生的草木和随季节变化的湖水，默默记录着时光的流逝。

为了修建颐和园，雷廷昌竭尽心力，他也把这次重建，看作重振家族大业的开始。然而他无论如何也想不到，将样式雷的家

▲ 昙花阁设计图

▲ 昙花阁（特效图）

▲ 雷廷昌绘制的治镜阁图样

▲ 治镜阁（特效图）

族技艺倾注到皇家园林的建造中去，这，竟是最后一次了。

因为修建颐和园深受慈禧太后赏识的醇亲王奕譞，在1890年，也就是修园工程开始四年后就去世了。他没能看到新园的建成，他当然也不会想到，新园建成没多久，儿子光绪皇帝就因为一场变法的失败，被慈禧囚禁在玉澜堂。

奕譞为了儿子的利益煞费苦心修建的颐和园，到头来，竟成了儿子的牢笼。

就在奕譞去世的那一年，由于经费短缺，海军衙门停止购买军舰。

1894年7月，在颐和园工程接近尾声的时候，中日甲午战争爆发。在海战中，镇远号被击沉，超勇号和扬威号搁浅起火。其余战舰，或被击毁，或被俘获。

1895年2月，北洋舰队全军覆没，只有用海军经费修复的石船，依然静静地停泊在昆明湖上。

1895年3月，海战惨败一个月后，海军衙门被裁撤。同年年底，颐和园修复工程仓促收尾。

今天，随着史料不断丰富，清史专家根据当时修建颐和园的56项工程清单，以及流入园工的其他款项推断，颐和园工程的总费用约为白银500万到600万两。在当时，这大致相当于三条军舰的造价。

从 1886 年到 1895 年，颐和园整修全过程历时九年。虽然当时国力衰微，后山以及位置偏远的建筑被放弃修复，但颐和园仍然保留了清漪园的主体风貌。

万寿山东部的仁寿殿，由原先的勤政殿改建，成为慈禧太后和光绪皇帝听政以及接见外交使节的场所；乐寿堂、玉澜堂等建筑被复建，但是功能有所改变，成为帝后居所，并采用了传统四合院的建筑形式；新建的德和园使得宫廷生活区建筑密度大大增加；万寿山西麓的听鹂馆、画中游等景观被复原。

昆明湖中的南湖岛得以修复，清漪园的遗存建筑十七孔桥被整修一新。位于万寿山前山中部的建筑作为修复重点，全部得以重建或新建。

1860 年大火中幸存下来的宝云阁和转轮藏建筑群，保留了清漪园时期的原貌。佛香阁再现富丽堂皇的皇家气派。前山最大的变化是大报恩延寿寺改建排云殿；排云殿建筑群成为万寿山前最核心、最具规模的一组建筑，它和佛香阁一起，成为后人眼中颐和园的标志。

更有园林专家认为，颐和园万寿山前山的中央布局更加严谨，建筑形象更加突出，在这一点上，颐和园超越了清漪园。

乾隆年间，清漪园三面开放，只有文昌阁至西宫门筑有围墙，而颐和园的四面都修起了围墙，这一变化意味着这座园林从单纯游玩的场所，变成了帝后居住的行宫。从此，颐和园成为慈禧太后最喜爱的家园，也成为大清国实际上的政治中心。

1907 年，颐和园建成 12 年后，雷廷昌去世。随后，因营造皇家园林而著名的雷氏家族逐渐没落。民国年间，雷家为了生计几乎卖掉了所有的图纸和烫样，代代相承的技艺最终失传。

在样式雷所有作品当中，中国最后一座皇家园林颐和园，最能代表样式雷的精湛技艺，同时它也是这个家族最后一部伟大的建筑作品。

颐和园东宫门内，有一株瘦小的古柏，主干部分有三分之二已经死去，侧干上又萌生出新枝，直指蓝天。

▲ 日近黄昏

导演手记：最好的时光

赵一鹤（第三集编导）

2006 年 11 月 14 日，是我第一次到颐和园拍摄的日子。

那段时间，剧组尚在公用空镜拍摄阶段，由于正处在秋冬交替的时节，我有幸见到了颐和园最多姿的一面。

到过颐和园的人对烟波氤氲的昆明湖或是千里笼翠的万寿山都不会陌生——但是颐和园并不总是这样妩媚——这一点，只有天天和园林密切接触的我们才最有体会。

因为静谧的气质，北京的秋天，历来被认为是一年中最美的季节。但是，突然的狂风大作，却能把最美季节中的拍摄变成一场劫难。

虽然一早就开始刮风，我们还是太乐观了，以为园林里的风不过是多飘几片落叶，或是湖水的浪花略高于平时，但是到了颐和园，才知道什么叫暗无天日、惊涛拍岸……

我们的路线是沿着昆明湖南行，到西堤。那天北风凌虐，所以一路被推搡着，几乎小跑起来。可怜我们眼睛都张不开，一说话就满嘴树叶，头发里也纠缠着不知从哪里飞来的各种可疑物质。更可怜的是我们的摄影朱兴辉，大风吹得三脚架东摇西摆，那天的拍摄真是锻炼了他的臂力眼力以及耐力。一路艰辛，绕到西堤后，发觉一览无余的这里，才是大风最横行无阻的地界。正当摄影为拍一个特写跳下礁石的时候，设备员突然大喊，继而沿湖狂奔，我们这才发现，装摄影器材的大包正随着起伏的湖水飘远。还没回过神来，身边拖运设备的小平板车突然在无人驾驶的状态下向南滑去，一路跌跌撞撞，速度却着实惊人。于是所有人忙作一团。若干分钟后，两个伺机潜逃者物归原地，精疲力竭的设备员开始感叹：拍摄可真是个体力活儿啊！

欣慰的是，那天的收获很大。

2007 年 9 月 16 日，大拍开始。全组入住颐和园附近的宾馆，离校三年后，第一次过上集体生活，而且是比学校条件还好的三人间。除了洗澡时间太有限，伙食比较糟糕外，和校园生活并没什么两样。

伙食不好的时候，我们买来的方便面常常成了美食，味道飘散出去，一个胖胖的身影就趁机闪进小屋，身影的主人是张越佳，这个总说吃一口实际上一口顶别人五口的人，在我们大拍期间似乎都变瘦了。

过集体生活的一大好处就是作息被迫变得规律起来。也正因为总是早起拍摄，我们才能见到颐和园难得一见且转瞬即逝的美。

印象最深的，是拍摄有烧痕柏树的那天。因为那天早上的云，意外的美丽，绝对可遇不可求。拍摄间隙，一老人走过，看了看监视器，对我们说，我天天来颐和园，云有什么稀罕的，我还看见过龙呢！在颐和园多少年了就出现那么一次。其实呢，在颐和园，看见什么都不奇怪，在这里你才会知道什么是——造化之美。就连那瘦小的柏树，身上带着1860年英法联军火烧的痕迹，主干几乎完全死去，它也依然从容地生出一根侧干，并且长得笔直笔直，冲向蓝天。第三集讲的就是这座园林的被毁和重建，正如这棵小树一般，生死边缘走过，然后是勃勃生机。挖掘别人忽略的美，是拍摄者值得骄傲的地方，这一点在再现中更能体现。

第三集再现比较重要的一组镜头就是雷廷昌（专门营建皇家

工程的样式雷家族第七代传人）在重建工程开始之前，测量园中残留的地基。拍摄这场戏时，正是一场秋雨之后，空气开始变得疏朗起来。拍摄地是万寿山后山一个叫作绮望轩的地方，绮望轩曾是清漪园一处特别美丽的建筑，1860 年毁在了英法联军手里，之后没有重建，一直到今天，仍能看到旧有的地基。雷廷昌在 1886 年重建时曾来这里测量并且绘制了一些图纸，但是终究为经费所限，没有能够将其重建。我们要再现的就是雷廷昌测量的场景。扮演雷廷昌的演员，在一举手一投足之间，颇有几分皇家建筑师的范儿。雷廷昌助手手中所拿的东西，是我们根据中国古代建筑测量工具复制的道具。雷廷昌脚下的，就是清漪园时期遗存下来的绮望轩那组建筑中的一个八角小亭的地基。万寿山后山尽管深幽，尚有极少数游人涉足，但恐怕能够领略这种废墟之美的人，仍是寥寥。

第三集再现的主要人物都是男性，本来想徇私过一把演员瘾的我实在没有用武之地。倒是第四集莺莺燕燕热闹非常，于是我厚着脸皮去蹭人家的再现，得一宫女角色，兴奋得半夜三点不到就起来化妆。谢谢化妆老师，那么认真地雕塑我，只是头饰实在太沉，那时候，我开始后悔，因为我的颈椎有点受不了了。

那天四点出发去颐和园时，天色尚暗，到了那里才知道，合着我的戏还得等俩小时呢。由于体质敏感（拍摄期间感冒三四次，发烧两次），初秋凌晨冰凉的空气中，我开始坐在排云殿廊下，对着同样扮成小宫女的助理崔旭狂流鼻涕。她一边给我递来卫生纸，一边对着我咔嚓拍照。好不容易挨到上场时间，游人渐渐涌来，也就是因为这个原因吧，一遍遍NG。作为前景的我，顶着两斤重的头饰，穿着花盆底儿的鞋子，端着俩大木头做的寿桃，站在光滑的台阶上，时间一长，小腿肚开始不听话地打战。到了晚上看回放的时候，大家说你没有站直嘛！我真的很抱歉，就留了个背影儿，还歪歪扭扭的，不过，也要体谅一下嘛，我不仅得提防脚下别打滑，还要注意不能冒出鼻涕泡泡，虽说只是个背影儿——背影儿……

跑题中。

大拍时入住宾馆的第一天。我拿出带去的一本朱天文的《最好的时光》，和我同屋的高洋、王蕾，一人一段，念完了阿哈（侯孝贤）小时候那一篇。然后是静默，我每每看朱天文的文字，都觉得最适无言。拍摄的经历，回想起来，也总觉得如一瞬之间，然后，便也是长长的静默。

最好的时光。

排云殿前，金钟玉磬，奢华辉煌。玉澜堂里，深院高墙，梦断神伤。电灯明灭，见证皇家园林的风云变幻。背影西去，回望昔日的乐园渐行渐远。

第四章　风雨梦乐园

▲ 水木自亲

颐和园昆明湖畔的水木自亲，是慈禧寝宫乐寿堂的前院门，水木自亲门前是一个码头，当年慈禧太后从水路乘船来颐和园就在这儿下船。

这里视野开阔，放眼望去，山岛葱茏，碧波荡漾，莺飞鱼跃，一派生机，会让人从心底萌生出一种对自然山水草木的亲近之感，所以取名叫作水木自亲。

一百多年前，水木自亲码头的探海灯杆上曾经高高悬挂着一盏大汽灯，它是颐和园里最亮的灯。到了夜里，如果这盏灯还亮着，就表示慈禧太后还没有睡着，只有等这盏灯熄了，慈禧太后睡了，园子里其他的人才能休息。

慈禧太后喜欢这些从德国订购来的电灯，这也是她喜欢颐和园的原因之一。

这天晚上，颐和园里灯火通明，太监和宫

▲ 慈禧照片

▲ 慈禧和使节夫人

女们穿梭在殿堂游廊之间忙个不停，各式各样的彩棚和彩灯已经从紫禁城的西华门，沿途 40 里一直扎到了颐和园的东宫门，而连夜从城里赶到颐和园的王公大臣和福晋格格们，凌晨时分就从知春亭码头上船向排云殿码头出发了。

一个表文匣被安放在排云殿二宫门外的黄案上，这个匣子里装的，是光绪皇帝给慈禧太后的庆贺表文。这一天是公元 1897 年 11 月 4 日，农历十月初十，是慈禧太后 63 岁的寿辰。

天刚刚亮，乐寿堂里的慈禧就起床了，即使在平常的日子里，她也是六点钟就起来。在没有泡手、熥脸、抹胭脂以前，她是决不出门见人的。

慈禧太后非常爱美，她经常自己调制胭脂，她穿的衣服也是自己亲眼看过图纸后才拿去做的；就这一年，光苏州织造给她做的衣服就有 135 件了，比如一件藕荷绸灵仙祝寿氅衣，就要用工四五百个；这件披肩是由 3500 粒鸟蛋大的珍珠编织而成的。

每天，慈禧太后都要在十几套衣服中仔细挑选，不同场合要穿不同的衣服，“叫起”上朝的时候穿一套，游湖散步的时候换一套，看戏吃饭的时候换一套。一天要换好几次。如果挑中一件蝴蝶图案的衣服，她还要把所有的配饰都换成蝴蝶图案的。

颐和园的万寿庆典，在半年前就开始准备了。在典礼的前一个月，慈禧太后会钦定进颐和园拜贺的王公大臣、福晋格格的名单，这对大臣来说是极大的荣誉和奖赏，庆典举行之前，他们必须先接受专门的礼仪培训，然后，将在园里参加整整八天的寿辰庆贺活动。

除了寿宴之外，最主要的活动是陪慈禧太后听上八天的大戏，由这些祝寿的人组成的熙熙攘攘、热热闹闹的场面，实际上也是令慈禧开心的庆贺仪式的一个组成部分。

慈禧太后很讲究礼仪，尤其是在庆寿典礼上，不允许出一点差错。所以，就连皇帝和皇后也要参加庆典的彩排。

早在修建颐和园的时候，慈禧太后就曾下懿旨加快工程进度，就是为了在这里过她的六十大寿。可是，1894 年，慈禧太后六十大寿之年，爆发了中日甲午战争，当时，主战的大臣反对大办庆典，惹得慈禧大怒，她说："今日令吾不欢者，吾将令彼终生不欢。"

然而战事不遂人愿，清朝军队节节败退，朝野上下议论纷纷，无奈之下，慈禧只好下诏，"颐和园受贺事宜，立刻停办"，就这样，慈禧六十大寿的庆典没能在排云殿举行，而是在紫禁城中草草了事。

三年之后，天下仍不太平，就在三天前，德国军舰又开进了胶州湾。然而，慈禧太后不能再等了，万寿庆典终于拉开了大幕。

慈禧一行从邀月门经过长廊，前往排云殿。为了庆贺慈禧太后的大寿，曾被英法联军烧毁的长廊得到了精细的修缮。慈禧太后喜欢在这里散步赏景，还喜欢看描绘在长廊上的彩画。

彩绘是中国园林建筑中重要的装饰手法，长廊彩画属于苏式彩绘，大小共有 14000 多幅，除了著名的“苏堤春晓”“平湖秋月”“断桥残雪”等西湖风景之外，还有很多山水花鸟和人物故事。因为慈禧太后喜欢看戏，所以特别增加了许多戏文故事。

庆典还没有正式开始，万寿山前山的排云殿一带就已经热闹起来，排云门外道路两旁站立着三品以下的大臣，进排云门，两侧是玉华殿和云锦殿两个配殿，在殿外的金水桥两侧等候的是二品王公大臣，在二宫门以内，有芳辉殿和紫霄殿，皇后、公主、福晋、命妇等女眷在这里等候行礼。

慈禧太后将从乐寿堂经长廊，到排云殿东侧的介寿堂下轿，典礼开始前，她会在排云殿的东暖阁稍事休息。

排云殿的后面是德辉殿，德辉殿的东西两侧延伸出来的长廊叫爬山廊，它们依山就势，把排云殿和各个配殿相互连接起来。

“排云”二字出自晋朝郭璞“神仙排云出，但见金银台”的诗句。比喻神仙居住在云雾缭绕的仙山琼阁之中。

以排云殿为核心的这组殿堂，构成了颐和园里最为壮观的建筑群。

▲ 排云殿

▲ 排云门

排云殿是修建颐和园时，为了给慈禧太后举办万寿庆典，专门新建的一组建筑。今天，将是慈禧太后第一次坐在排云殿的宝座上接受拜贺。

离大典开始的时间越来越近，王公大臣已经依次肃立在排云殿二宫门内外。他们的拜贺献礼，早已送到颐和园请慈禧太后过目……

来自全国各地的奇珍异宝，在这一年的初冬，都被集中在颐和园里。湖广总督张之洞送上一幅百子图插屏，寓意老佛爷长命百岁子孙满堂，国家社稷绵延不绝；如意，是太后喜欢的物件，在生日礼物中必不可少；还有精致的西洋钟表，也是慈禧太后的最爱。栩栩如生的仙人船，其实是一个梳妆盒，这对于爱美的慈禧太后来说是既能观赏又很实用的东西。

对于这些贺礼，喜欢的，慈禧太后会把玩一阵子，其余的，她甚至都没看上一眼就赏赐了别人，或者堆在库房里。直到今天，颐和园排云殿的东西暖阁里，还摆放着许多送给慈禧的寿礼。

钦天监官员宣布吉时已到，排云殿鼓乐齐鸣，卤簿仪仗威严。慈禧太后走向大殿正中央那高高在上的九龙宝座。在隆重的中和韶乐声中，大典正式开始。

坐在排云殿宝座上的慈禧太后欣慰地看着眼前的一切。

慈禧本姓叶赫那拉，十六岁入宫，成为咸丰皇帝的兰贵人，生下皇长子载淳后进位为懿贵妃。咸丰驾崩后，载淳成了同治皇帝，作为皇帝的生母，她被尊为圣母皇太后，徽号慈禧，人称西太后。

从同治皇帝到光绪皇帝，从二十七岁与东太后慈安一起垂帘听政，到后来的独自训政，慈禧太后的权力越来越大，她名字前面表示尊敬的徽号也越来越长。

如今，太后的全称已经是：慈禧端佑康颐昭豫庄诚寿恭钦献崇熙圣母皇太后。

几乎拥有了一切的慈禧太后，有一个心愿却迟迟没能实现，那就是在这座凝结着自己心血与梦想的园林中举行一个独特而盛大的生日庆典。

经过四年的等待，就在这一天，她63岁的时候，慈禧太后终于得偿所愿，等到了作为大清国最尊贵的女人前所未有的威仪和荣耀。

这次万寿庆典之后，有一件贺礼便一直留在了慈禧太后的寝宫乐寿堂里，就是一面百鸟朝凤的刺绣屏风。在中国的传统文化中，凤是至高无上的神鸟，各种凡鸟不管多么美丽，也只能在旁边映衬凤的威严。

这面象征权力永固的屏风是慈禧太后最喜欢的宝贝。和这只

▲ 百鸟朝凤（图一）

▲ 百鸟朝凤（图二）

慈禧听戏

慈禧太后晚年酷爱京戏，因此在梨园行留下了大量的逸闻。

慈禧曾多次让宫中太监学戏，据《升平署志》记载，同治八年九月二十六日，“印刘传西佛爷旨，着刘进喜、方福顺、姜有才学二簧鼓，武场、张进喜学武场，王进贵、安来顺学二簧、胡琴，文场，不准不学。”

慈禧还喜欢挑选民间艺人为自己演出，据《升平署志》所列，光绪年间升平署挑选入宫的艺人就有70余位，其中包括杨隆寿、杨月楼、谭鑫培、罗寿山等，都是当时红极一时的名角。

慈禧还喜欢直接指导京戏的创作，她选定青衣名宿陈德霖，将前朝的昆腔《昭代箫韶》移植为京戏。并亲自填写唱词，耗费大量人力物力，最终完成了这部御制宫廷大戏。

凤相比，就连代表皇帝的龙也显得黯然失色。光绪皇帝也曾在颐和园举办过几次万寿庆典，但是没有一次规模比得上慈禧太后。

听鹂馆位于万寿山前西侧，正对长廊西段的清遥亭。院内有正殿、配殿、旁院和一个两层的戏楼。乾隆皇帝的时候，他就经常侍奉着皇太后在这里看戏，而慈禧和光绪也经常在这里听戏。听鹂馆是颐和园西部重要的点景建筑。

听鹂馆一名，指悦耳的声音就像黄鹂的鸣叫。正门匾额上的题字是慈禧太后手书。

“金支秀华”，出自汉书礼乐志，形容乐器上华丽的流苏装饰，当年这里曾经有一支人数众多、乐器齐全和装饰豪华的皇家乐队。

清漪园时期，戏楼的朝向是坐北朝南，面向昆明湖方向的，这是因为作为一国之君的乾隆皇帝有时会亲自登台为皇太后表演，所以戏台就只能面向代表尊贵的南方以符合礼制的要求。颐和园重建时，由于慈禧太后和光绪皇帝都成了观众，戏台又被改为坐南朝北，朝向了万寿山方向。

慈禧酷爱听戏，为此，园中又新建了德和园大戏楼。慈禧经常把陪自己听戏作为对他人的奖赏，其实，对于不好此道的大臣来说，这实在是个苦差事。

大家每次听戏都要凑份子贿赂太监，以求关照。由于大门关闭，院子里又没有厕所，大臣们要靠太监帮忙，从小侧门搭梯子下来，出去解决内急。

德和园大戏台建起来之后，听鹂馆就成为慈禧太后夏天消暑纳凉的地方。慈禧太后会从听鹂馆前鱼藻轩西侧的码头上船，游湖看景，享受这座被外国人叫作“夏宫”的皇家园林最美的景致。

阴历七月十五中元节的时候，慈禧会在凉台上欣赏昆明湖面随波逐流晶莹闪烁的荷花灯。八月十五中秋节的晚上，登上清宴舫，或者万寿山东侧的景福阁，把酒临风，凭湖赏月，也是慈禧太后在颐和园里最喜爱的消遣。

▲ 德和园大戏楼

▲ 德和楼大戏台京剧再现

▲ 德和楼大戏台（烫样一）

▲ 德和楼大戏台（烫样二）

平常的日子，慈禧太后会在颐和园习字作画。

慈禧喜欢把画作赏赐给王公大臣，但她对自己的绘画水平心知肚明，所以经常把宫廷画师缪嘉蕙的画盖上自己的御印赏赐下去。被赏赐的人也知道画的原作者是缪嘉蕙，但为了讨好慈禧太后，他们的讨赏来得更加热烈。

一时间，拥有慈禧太后的画作成了清朝上流社会最荣耀的事情。在王公大臣中间，流传着一个公开的秘密，那就是判断慈禧太后画作真伪的方法。

如果梅花的枝条相互交叉成一个菱形，那准是慈禧太后的真迹。因为专业画家根本不会犯这种低级的错误，但是从来没有人敢向慈禧指出这一点。

慈禧太后得罪不得，这一点宫里每个人都知道，连光绪皇帝也不例外。光绪亲政后，他批示的重要奏折，几乎都是慈禧太后事先同意的，所以表面上看来，“两宫甚为和睦”。

颐和园给了慈禧许多在紫禁城里享受不到的轻松快乐，而这座园林似乎也成了家国是否安定的晴雨表，每当慈禧不能在园子里安心享乐，甚至被迫离开的时候，一定是重大的危机将要来临了。

1897 年岁末，就在慈禧 63 岁万寿大典的前后，山东发生了曹州教案，两名德国传教士被杀，德国趁机占领了胶州湾。随后，俄国进占旅顺、大连，法国进占广州湾，英国进占山东威海，并要求拓展九龙新界。列强企图瓜分刚败于日本的大清帝国。

1898 年，农历戊戌年，朝廷里有一件大事即将发生，在名义上已经亲政十年却始终难有建树的光绪皇帝，与接触了西方思想、主张变法维新的文人康有为一拍即合。他们希望通过一场自上而下的变革改变中国和皇帝本人的命运。而这场变革起初也得到了慈禧太后的默许。

光绪二十四年四月二十八，这个日子对于康有为来说是十分特殊的。在他看来，自己迎来了人生最为辉煌的时刻，但在几个月后他会发现，自己最辉煌的时刻其实到那时才刚刚到来。

康有为眼中的辉煌时刻就是觐见皇上，并不是因为得到了九五之尊的召见而感到辉煌，而是因为他看到了未来的可能和希望而感到辉煌。无论怎么样，他都获得了一次宝贵的，能够挽救大清，挽救天下苍生的机会。

在正式觐见皇上之前，康有为曾短暂地见过年少的大清皇帝，并与之进行了简短的交谈。事实证明，康有为的一些话确实起到了很好的效果，不仅让眼前的大清皇帝得到了鼓励，还让大清的百姓感受到了一丝希望。最为直接的表现就是保国会的成员得到了迅速发展。

见过康有为之后，光绪帝开始细读他的《日本变政记》《俄皇大彼得变政记》等书，并下令凡是康有为的奏折，即日呈递，不得阻拦。随着对康有为的印象越来越深，光绪皇帝受康有为的影响也越来越大。

从 4 月到 9 月，光绪从紫禁城去颐和园汇报变法的事情多达十九次，每次都在慈禧太后的门外跪着等候召见，而太监有时会故意拖延传达的时间，就是因为看皇帝跪着的神态很有趣。

光绪专门去了颐和园，并给慈禧带去几份变法的奏折，史书记载：慈禧斜倚在床上听着，批评着，议论着，感叹过去朝廷也行了许多维新自强的事，但都不如这些说得透彻。

光绪看见慈禧高兴，就主张把这几本折子里的内容大量印刷，王公大臣人手一册，以习变法。慈禧点头说，就这样办吧。

1898 年 6 月 11 日，光绪皇帝发布了“明定国是诏”，标志着变法正式开始。几天之后，光绪皇帝正式接见康有为，这一次康有为获封六品衔，“总理衙门章京上行走”，同时还给予他专折奏事的权力。

不久之后，梁启超、谭嗣同等人都在朝廷中任了职。这些维新派的主力成员得到了大展身手的机会。在随后的三个月，他们

▲ 总理衙门

在皇帝的支持下，发布了许多变法新政。其中包括改革政府机构，发展工商业，废除科举考试；开办新式学堂，创办报刊，开放言论等具体内容。

然而，局势很快失去了控制。光绪皇帝和维新派似乎过于急躁了，在短短 103 天里颁布了 180 余道有关各项改革的新政上谕。这些政令毫无轻重缓急之分，涉及社会方方面面，触及太多人的利益，因此遭遇了越来越大的阻力。

到后来，改革的矛头甚至直接指向了慈禧太后。于是，一场变法迅速演变成后党和帝党之间你死我活的斗争。

九月十九日晨，慈禧太后匆匆离开颐和园赶回紫禁城，两天后宣布再次临朝训政，光绪皇帝被囚禁，变法人士或被抓被杀，或流亡国外，这场后来被称作戊戌变法的维新运动，不过一百零三天就宣告失败。

在重新训政的当天，慈禧太后曾面对光绪怒斥道："我抚养了你二十多年，你怎么敢听信小人之言算计我呢？"可见她最大的愤怒就来自侄子兼外甥的光绪对于自己的背叛。

1899 年整整一年，颐和园格外清静，因为国内局势动荡，慈禧太后被迫留在紫禁城理政，无暇游园。

直到 1900 年的春天，慈禧太后又住进了颐和园，跟以前不同的是，她开始到仁寿殿上早朝了。

仁寿殿，始建于乾隆年间，清漪园时期叫“勤政殿”，表达了乾隆寄情山水不忘勤政的态度。到了颐和园时期，被慈禧太后改名为“仁寿殿”。“仁寿”，意指施仁政者长寿，出自孔子的《论语·雍也篇》的“智者乐，仁者寿”。

仁寿殿在仁寿门内庭的正中位置，两侧是面阔5间的南北配殿，在配殿后面还有后罩房。

仁寿殿主殿和南北配殿以及仁寿门外的南北九卿房，构成了颐和园的政治活动区。这里本来是亲政后的光绪皇帝来园时处理政务的地方，但是，人们在这里随处可见的却是慈禧太后的印记。

仁寿殿外月台上南侧和北侧各有一对铜龙凤，可以燃香，也有“龙凤呈祥”的含义，铜凤的基座上刻有“天地一家春”的印记，“天地一家春”是慈禧太后在圆明园时期的居所名称，她以此来纪念和咸丰皇帝的爱情往事。这两对铜龙凤的排列顺序是凤在中间，龙在两边，凤昂首挺立，龙则低俯着身躯，这些都是慈禧太后时期独有的装饰造型。

殿外的太湖石，是重建颐和园的时候，从当时的睿王园，

▲ 仁寿殿

▲ 仁寿殿前寿星石

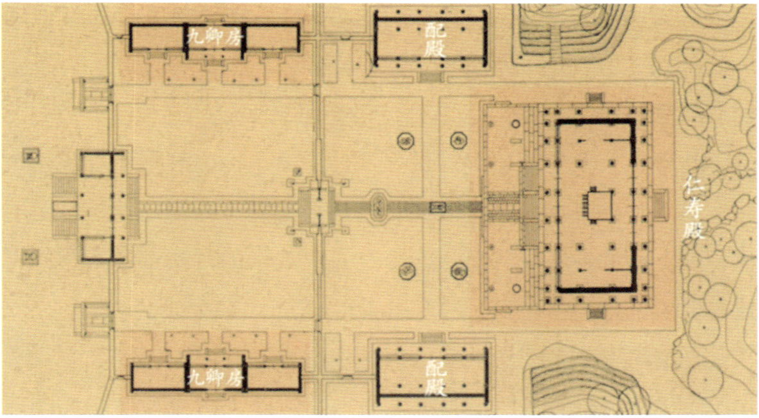

▲ 仁寿殿平面图

▲ 仁寿殿前铜塑天地一家春标志

也就是现在的北京大学勺园迁移过来的。放在这里起到类似屏风的作用，在园林艺术中叫作“障景”。更重要的是这块石头的形状酷似拱手作揖的老寿星，很受慈禧太后的喜爱。

长寿，大概是慈禧太后最强烈的愿望了。仁寿殿里有慈禧太后亲笔书写的寿字，宝座后面，是一个写满了寿字的玻璃镜面屏风，这上面的寿字一共有 226 个，每个寿字的写法都各不相同。这面屏风也是按慈禧太后的意思布置的。

光绪皇帝在位三十四年，而他在宝座上独坐的时间其实只有 10 年，在这 10 年当中，他所做的唯一一件大事就是那场变法。但仅仅三个月之后，光绪就永远告别了皇帝的九龙宝座。

仁寿殿的宝座上换成了慈禧太后，此时已被软禁的光绪皇帝坐在旁边临时摆设的座位上。有时候，慈禧太后也会征询光绪皇帝的意见，光绪总是低声回答，声音低得跪在地上的大臣根本听不见，但是他们知道，皇帝总是会同意太后的意见。从此之后，他们这样的位置关系再也没变。

1900 年之后，每逢慈禧太后住在颐和园的时候，玉澜堂里就会时常传出敲小鼓的声音。太监们知道，这是皇上又在解闷儿了。

玉澜堂，位于仁寿殿的南侧，是临湖而建的一座精美的建筑，

▲ 乌云密布昆明湖

玉澜堂曾是乾隆皇帝的办事房，嘉庆皇帝也曾在这里办公。玉澜堂东西都有配殿，以游廊相接，西配殿藕香榭直面湖区，隔着纱窗，满目碧翠，荷香四溢，从这里可以通到乐寿堂；东配殿霞芬室通往仁寿殿。

1898 年的 9 月 16 日，变法失败的前夕，光绪在玉澜堂召见过另一位后来尽人皆知的人物，就是统率北洋新军的直隶按察使袁世凯，面谈后光绪升他为候补侍郎。然而，精明的袁世凯最终还是坚定地站在了慈禧太后一边。

戊戌变法失败后，光绪皇帝就失去了自由。在紫禁城，他被关在中南海的瀛台，而每当慈禧太后来颐和园，也会把皇帝一起带来，软禁在玉澜堂。此时，玉澜堂东西两个配殿内各加了一道耸立的高墙，切断了光绪皇帝东西出行的路，而向北，通往隆裕皇后的住所宜芸馆的路，也被阻隔了，光绪皇帝只能待在玉澜堂内，连皇后也不能随意见面。陪伴他的除了贴身太监，就只有几只小兔子，郁郁寡欢的光绪常常在院子里敲小鼓来纾解心中的郁闷。

政治上的打击和精神上的苦闷，使本来就患有多种疾病的光绪身体越发虚弱。而且，只要一见到慈禧太后，他就会紧张和抑郁，脸色更加难看，慈禧找了她最信任的太医给光绪治病，并且把皇帝身体不好的事情昭告天下。

玉澜堂的书房放满了各类介绍西方历史政治的书籍，据说光绪还曾潜心学习英语，也许他心中对未来还有梦想。

刚刚被软禁的时候，光绪皇帝经常砸房间里的东西发泄，也想借此引起慈禧太后的注意；最后，房间里能砸的东西全都被搬走了，留下的只是一些必备的家具。

皇帝的御膳标准比过去降低了，每日三餐虽说也有十几个菜，但离御座远的已经发臭，近的却久熟而干冷。

而离此不远的寿膳房里，慈禧太后的膳食奢华而隆重。慈禧的膳食费两倍于乾隆时期的皇太后，每次正餐都要有 120 道菜。寿膳房还能制作 400 多种糕点。正餐前就有 4 种干果，4 种鲜果，4 种面果，4 种蜜果。

当年寿膳房的情景，今天已经看不到了，我们只能从颐和园听鹂馆餐厅的现代御膳操作间里，去寻找一丝当年皇家御膳的气度和排场。以慈禧太后菜谱里的一道寿星鸭方为例。鸭子煮熟烧成酱鸭，再拍成肉泥，上面涂上一层虾肉一层核桃再用油炸，便成了这道寿星鸭方。

传膳的时候，太监们依次而入，由内侍太监将膳盒放在膳桌上。菜摆上桌后，先由李莲英试尝，慈禧太后看向哪道菜，太监

▲ 听鹂馆御膳

就把那道菜端到她眼前，她只是浅尝即止，这是祖上留下来的规矩，为了防止有人知道太后喜欢吃什么菜而动手脚，吃每道菜不能超过三口。

琳琅满目的菜肴，大多数都剩下了，慈禧太后会把它们赏给女眷。被赏的人谢恩，并在慈禧太后离开后开始享用美食，即使她们此时已经用过餐了，还是要围着桌子，站着食用慈禧太后赐给的食物。

慈禧太后在颐和园用膳比在紫禁城轻松随意得多。乐寿堂里，有两个设计精巧的小桌，实际上是桌子样式的鱼缸，所以叫作鱼桌，慈禧太后喜欢在吃饭的时候，看着鱼桌里的鱼游来游去。这也是在颐和园里特有的乐趣。

1900 年的夏天，正是颐和园最好的季节，然而在这个夏天，颐和园却再次见证了灾难。

1900 年 8 月 12 日凌晨，八国联军攻陷通州。此时正值中元节，颐和园里本应是处处灯火，热闹非凡，但是这一年，却只有些玻璃荷花灯漂浮在湖面上，暗夜里的点点灯光无奈而惨淡。

正在消夏的慈禧太后不得不带着光绪离开颐和园，紧急返回了紫禁城。

▲ 慈禧西逃回銮（一）

▲ 慈禧西逃回銮（二）

1900 年 8 月 14 日，八国联军全面进攻北京城，一天后，北京沦陷。慈禧太后和光绪皇帝又匆忙离开紫禁城向西逃难。

当天，正在颐和园值班的官员突然见到两辆骡车冲了进来，急忙上前阻拦，车上人答话说，是老佛爷在车上，大家顺手势向车里看去，好大一会儿，居然没有一个人认出慈禧。原来这时的慈禧已经是一身汉族农妇的打扮。慈禧一行就在凉棚下站着吃了点饭。之后，车队匆匆向西逃去。从此开始了长达一年的流亡生活。这也是继 1860 年之后，清政府的第二次流亡。

八国联军入侵北京后，颐和园再次成为洗劫的对象。颐和园电灯公所的发电机组和电灯设备也被毁坏，水木自亲码头的探海灯杆上那盏大汽灯从此失去了光明。直到四年后的 1904 年，颐和园里的灯光才重新亮了起来。而就在这几年之间，颐和园里悄悄发生了不为外人所知的变化。

导演手记：我拍颐和园

张越佳（第四集导演）

第一次到颐和园是在 1997 年，那时上大一，和十几个同学结伴从天津清晨天没亮出发坐大巴到北京，上午是香山，中午则到了颐和园。那时好像是从北宫门上了万寿山一路游走，一路拍照，从没想到过日后会据守在这个大园林里拍摄关于它的纪录片，那时年少的我也许还不明白纪录片是什么东西……现在依然也不太明白。那一次留下了许多和颐和园的合影，现在还在一个小相册里。这是和颐和园的第一次亲密接触。

10 年之后，还是在天没亮的清晨，我又一次进入了颐和园，这次随行的人比 10 年前多了很多，整个一个大摄制组。在 2007 年 9 月进入颐和园大拍之前，我们的小分队也已经不计其数地到过这里了：拍空镜、堪景、定机位……

剧组在南湖岛有一个办公室，那一年的春天是最难忘的时光，也是剧组比较轻松的时候，大家在办公室里开完了会，便迫不及待地在这个开满桃花的小院里踢毽子、跳绳、转呼啦圈。颐和园果然让我们“很颐和”。

这一次和颐和园的接触比起10年前深刻了许多，不再是走马观花似的游湖赏景，而是和专家教授们上了一堂又一堂的历史课、园林艺术课、美学鉴赏课。带着这些新学的知识再看眼前的这片有山有水的地方，的确有了一些新的感受。

到了入秋的日子，为了重现古人在颐和园里的颐和生活，我们紧张了起来。于是，拍摄计划上每天的出发时间都是凌晨三点左右，而三个小时之前，所有的主创还在一起看前一日拍摄的回放，寻找拍摄中出现的问题。兄弟姐妹们辛苦了……

和几年前拍《故宫》不同，拍摄地点交通不便。园子里不能进车，我们的队伍只能在门口卸装备，扛进去。晨雾中一个个身影扛着大包小包灯光轨道穿过文昌阁，转过九道弯，走进乐寿堂、排云殿、德和楼、仁寿殿、佛香阁……布灯，接轨，走位，拍摄。虽然每天睡不了几个小时，同人们却丝毫没有掉链子，一切都按计划有条不紊地进行。即使在更难走的山上，即使带着有一百多块配重的17米摇臂，同志们还是英勇地完成了任务，尤其是在第一集拍摄万寿山上的摇臂镜头的时候，为了这100多块配重，配重总导演振臂一呼，弟兄们都豁了出去，连一般不染指重活累活的女同志，也都参与到这轰轰烈烈的运动中，果真是可歌可泣啊。当然，当时我不在现场，这个场景是拍摄回来的金总导演口述的，听他讲的时候，我眼前便出现了那如火如荼的紧张画面。这个案例，充分证明了我们在控制周期、抢夺时间方面的决心。时间就是金钱，时间就是生命啊！

托颐和园的福，我这集的拍摄只是在某个清晨因为道具的问题出了点状况，不过清晨漏拍的镜头最终在当日傍晚完成了，而且效果还不错。

还有一个环节。大拍之前，由于本片涉及的演员很多，所以在指挥部几位导演还进行了演员的选拔，由演员导演找来的候选人来过导演的法眼。来了很多人，刷了很多人，很钦佩演员的奉献精神。有一个桥段，说明我的健忘症绝对很严重。一日众人同往颐和园看景，我看到一位光头大哥二目炯炯有神，脑袋剃得锃光瓦亮，便问道："您演哪位？"答曰："李莲英。""哦。"我似乎恍然大悟。便径直走开。过了两个钟头，待我等看景完毕走向园门，我又看到了这位秃头大眼的汉子，觉得甚是眼熟，却记不得是何人物，禁不住又问：“您演哪位？”答曰：“李莲英。”依然气定神闲，我却感觉脸上火辣辣的，有点羞愧难当。觉得自己很像周星驰电影《逃学威龙》里那个不记事的教师，也真难为了这位“李莲英”，摊上我这么个导演。在此诚挚地说声：“抱歉”并致谢。这些演员也为展示和传承伟大的中华文明做出了实实在在的贡献。

拍摄的时候，有意思的事还真不少。摄影刘畅酷爱移动镜头。每拍一个镜头，都要支很多轨道，所以得名为“中国移动”。

制片也很忙碌，不仅管整个剧组的吃喝拉撒，还要统筹每天的时间表，所以我给他们起名叫表哥表弟表姐表妹。因为他们天天都要用无比万能EXCEL做表格，辛苦啊！这以杨波同志为首，所以他是大表哥。

五集导演王伟达，深得女众喜爱，被表妹们昵称为“漂亮叔叔”。当然除了漂亮以外，他的智慧也令我佩服，把两个推车接到一起让演员在推车上跳舞，拍出了一个奇异的运动镜头。这样一个充满灵气的设计出自他，敬佩敬佩。让我也学了一招。

拍摄中段，总导老金、灯光马哥、炮手朱凤军、摄影刘畅以及导演刘华等五人相约削发明志，以不达目的绝不罢休的气概剃了光头，光头五君子在士气上鼓舞了人心，在实际操作中又增加了我们的群众演员的数量，他们只要戴个发套就能演清朝人，本集中长跪不起的康有为，扮演者便是“光头五君子”之一的导演刘华，在此表示感谢。

三集导演赵一鹤，身材高挑，不说玉立吧也算是亭亭了，作为唯一的分集女导演，她不幸也有幸地成了我这一集的群演。在排云殿大典一段，有一个略显驼背的宫女背影前景，在长廊一段还有一个走路不太像福晋的福晋，这都是一鹤的功劳。感谢她的演出，只想说我资质太差，无任何可取之处，所以不能为其他导演效力，深感惭愧啊。见谅见谅了！

拍摄人手不够，临时招募了几个制片，其中一个兄弟甚为可爱。一日傍晚，摄影拍带密度的空镜，天光渐暗，摄影郁闷地说：“没光圈了，今天拍不了了。”这位制片真是敬业爱岗，只听他着急地说：“啊？光圈没了，没事没事，你把它放在哪了，我这就回去给你取去，找人给你取！”

很多这样的故事，让笑声穿插在我们紧张的劳动中，所以今天回想起来，还是感觉拍摄虽然艰苦，但还是蛮快乐的，这样的经历一辈子也不会有几次。就把它当成颐和园的拍摄花絮，做一个浅显的怀念吧。

一个决定，成就了国际舞台上的风光亮相。一幅画像，记述了两个女人的非常接触。园门开处，笑迎异国来客，喝彩声中，却闻末世挽歌。

第五章　禁苑演外交

▲《辛丑条约》签约现场

每天都有无数的游人，在颐和园的各个景点前留下影像作为纪念。

1900 年盛夏，在皇家园林颐和园里，有人也在各个景点前留下了影像。

他们在万寿山前得意扬扬。他们头戴荷叶做的凉帽在清宴舫上乘凉。他们在昆明湖里赤裸着身体洗澡。他们好奇地观赏每一座建筑，然后将它们破坏。他们抢走许多文物，拿不走的便就地损毁。

他们从俄国、意大利、英国、法国、德国、美国、日本和奥地利，带着枪炮不请自来。他们有个共同的名字叫“八国联军”。除了没有再次放火烧掉园林，他们几乎重演了 1860 年英法联军对清漪园所做的一切恶行。

俄国、英国和日本的军队后来在颐和园里驻扎了一年之久。

庚子赔款

《辛丑条约》中有一条赔款的约定，要求清政府赔偿各国共计 4.5 亿两白银，这其实是一条带有惩罚侮辱性质的要求，因为当时国人共计 4.5 亿人，也就是要求每个中国人都赔偿一两银子，暗含着对于清廷发动义和团群众运动攻击外国使馆的不满。因义和团运动发生在前一年也就是庚子年，所以这项赔款也被称为庚子赔款。

后来，经过中国外交的努力，尤其是民国时期外交官的不懈争取，庚子赔款被免除和退回了一部分，这部分退回的赔款被用于发展中国的教育、卫生等公共事业，清华大学建校的部分款项就来自美国退回的庚子赔款。

1901 年是农历辛丑年。

这一年的秋天，按照慈禧太后“量中华之物力，结与国之欢心”的旨意，清政府与列强签订了《辛丑条约》，最终以 4.5 亿两白银和种种丧权辱国的条款为代价，换得八国联军撤出了北京城。

1901 年的秋天，慈禧和光绪从西安避难归来，结束了中国长达一年之久的无政府状态。

直到慈禧和光绪回京前夕，俄国人才撤出了颐和园，他们走后，颐和园甚至没有留下一块完整的玻璃。

位于紫禁城东南不远处的东交民巷，北京人习惯称它为老使馆区。辛丑条约签订之后，这里成了禁止中国人进入的国中之国。

1902 年 10 月，驻在这里的各国使馆突然收到请柬，邀请驻

▲ 残破故园

华使节和夫人觐见慈禧太后，地点正是皇家园林——颐和园。

收到邀请的使节和夫人们，首先感到的不是愉快而是不安。

在两年前爆发的义和团运动中，慈禧太后对义和团的态度从围剿突然变为支持，并且下令清朝军队围攻使馆区，清军的大炮让洋人吃尽了苦头。

当时，洋人只能躲在东交民巷的教堂里，乞求上帝的保佑。但是，最终让他们得救的，并不是上帝。由于慈禧太后的态度突然再次转变，在清政府的保护之下，洋人才逃脱了灭顶之灾。回想当时的经历，他们惊魂未定。

在这些使节和夫人的眼里，慈禧太后既可恨又可怕，而且行为怪异。那么，这位神秘的皇太后究竟是怎样的人？她究竟想要做什么呢？

作为皇家园林，那时的颐和园还没有邀请外国使节夫人进入的先例。而 1902 年的深秋，在草草收拾了国门洞开时侵略者留下的残破痕迹之后，慈禧太后向外国使节和夫人敞开了自己的家门。

正式的觐见仪式在仁寿殿举行。从颐和园东宫门进园，过仁寿门，就到了仁寿殿。这里是慈禧太后和光绪皇帝听政的地方。这一天，外国使节和夫人终于有机会目睹了慈禧太后的圣容。

觐见的结果是令人惊讶的！美国人何兰德这样描述：

“我们由衷地感到，这位坐在宝座上的庄严女性，真不愧为标准的女皇，她明亮的黑眸，仿佛能够看透我们在想什么，我们忘记了几天前的愤慨情绪，感受到了她尊严的举止和环境所引发的敬畏，不由自主地行了觐见帝后时的屈膝礼。”

觐见仪式只有短短的八分钟，之后在仁寿殿的配殿举办宴会，这种宴会慈禧太后并不在场，由皇后和女官负责招待。

但客人已经从丰盛的宴席和准备的细节上看出了慈禧太后的好客和体贴，餐桌上竟然也有西式的餐具和餐点。这让使节夫人们觉得，慈禧太后并不像传说中那么不近人情。

尽管这次活动显露着外交式的客套和程式化的热烈，但无论怎样，颐和园中的美景和盛宴似乎驱散了弥漫在洋人和慈禧太后之间的阴霾，还有什么比这更能表明皇太后陛下渴望与外国人交好的愿望呢？

于是，在颐和园，类似的觐见和游园就更加频繁地展开了。

1901 年之后，按照《辛丑条约》的规定，清政府“总理各国事务衙门”被改组为“外务部”。列强希望通过外务部更方便地向中国灌输自己的意志，而清朝统治者也深深地感到，外交事务已经成为关乎国家存亡的头等大事。

慈禧太后身体力行，周旋于各色洋人之间，而一些留洋归来的贵族子弟也成为颐和园中外交活动的参与者。

中国驻法公使裕庚的两个女儿德龄和容龄曾长期生活在国外，精通外语，且知书达理，熟悉中外宫廷礼仪。慈禧太后听说后，立即召两姐妹进颐和园，以便于自己和洋人交往。

德龄和容龄姐妹给颐和园带来了清新的西洋之风，慈禧太后最喜欢她们送的法国化妆品和香水，还喜欢让两姐妹穿着西式长裙给她弹西洋琴跳西洋舞，她也总是笑眯眯地看着。

为了接待洋人来访，颐和园殿堂内装上了西洋吊灯，但令德龄印象深刻的是，在接见美国提督的前夜，慈禧太后下令把乐寿堂内桌上的玉佛拿开，说这是圣洁的东西，不能让洋人看见，怕玷污了美玉；印有罗汉的门帘也被拿下，说被洋人看到了不吉利；梳妆台则被锁了起来……

慈禧还叮嘱德龄和容龄姐妹在外国使臣和他们的夫人面前不要多言。这些举动透露出慈禧太后复杂而微妙的心理状态，也许她与外国人的交好从一开始就是无奈而被动的，是出于外交需要的一种牺牲。

外国客人源源不断地进入颐和园，甚至进到她本人——大清国皇太后的卧室里参观。

▲ 身着西洋装的德龄（右）和容龄（左）

后来，慈禧太后对这些洋人的举止有这样一段评价：“有些太太举止很不适合，她们似乎对我们中国人不大瞧得起。可是，我很快就注意到，那些自以为是文明的、有教养的到底是怎么一回事。依我看，中国人比起她们来，倒是要文明得多，举止得体得多呢！”

由于接见活动频繁，朝廷还专门在颐和园东门外设立了外务部公所。

据《起居注》记载，光绪二十八年到光绪三十四年五年间，慈禧每年在颐和园接见外国使臣少则几次，多则十几次，最多的时候，一次就接见了 98 人。颐和园从慈禧最喜爱的皇家园林变成了大清国最重要的外交舞台。

2008 年北京奥运会的成功举办，让中华民族“百年梦圆”。而鲜为人知的是，在一百年前，由于在颐和园里作出的一个决定，中国人曾经与奥运会近在咫尺。

1904 年，一个由 500 人组成的庞大的中国人团队出现在美国的城市圣路易斯，他们是代表团团长溥伦贝子及清朝官员们。

这一年，第 3 届奥运会和第 12 届世界博览会在美国的圣路易斯同时举办，那时候，初生的奥运会并不像现在这样风光无限，它只是作为世博会的一个附属项目举行的。

中国并没有参加这届奥运会，但派出了以溥伦贝子为团长的庞大代表团参加了同城举办的世博会，而且，还花费 170 万龙元的巨资在展会上修建了具有浓郁民族风格的中国展馆。

在这届世博会上，中国代表团的表现令世人惊叹。不仅中国展馆受到了相当的好评，有的展品还获得了金奖。

正值内忧外患的清政府不惜人力物力在世博会上高调亮相绝非一时兴起。辛丑条约签订之后，中国的经济日益衰落，国防日渐薄弱，面对虎视眈眈的列强，清朝统治者只能寄希望于依靠外交的力量扭转国家的命运。

当颐和园的外交活动初见成效之时，第 12 届世博会的举办，又为这一政策的进一步实施提供了好机会。于是，在当时中国的政治中心——颐和园里，慈禧太后亲自作出了参加世博会的决策。她甚至选择了自己，这个帝国中最尊贵的人作为国家形象的代言人。

美国使节康格的夫人多次去过颐和园，对慈禧太后很熟悉，甚至说得上是崇拜。为了让美国人了解这位中国的“女皇”，康格夫人请求为慈禧太后画一幅肖像带到世博会上展出。

作为中国最尊贵的女性，画像本不能轻易示人，更何况是让洋人观看。然而，出于外交的需要，慈禧作出了一个前所未有的决定——她同意了康格夫人的建议，并热情地接待了来自美国的女画家凯瑟琳·卡尔。

卡尔被安排在颐和园旁边居住，这样，她可以随时进园为慈禧画像，为了完成画像，卡尔在颐和园流连将近十个月。对于一个外国人来说，这是绝无仅有的。

1903 年 8 月 7 日，美国画师卡尔来到了颐和园，这是慈禧太后指定的吉日。

卡尔在后来的回忆录中详细描写了她在颐和园的经历。

“在颐和园门口，我换上了带红色罩套的宫轿，进入了这个神秘的离宫。我们被抬着穿过各式各样的庭院和花园，来到了一个较大的、长方形的院落，里面满是珍稀的开花植物，和许多漂亮的灌木……”

这个院落，就是慈禧太后的寝宫乐寿堂！卡尔看到的那些漂亮的植物是玉兰、海棠和牡丹，寓意玉堂富贵。

乐寿堂院落群南临昆明湖，北靠万寿山，是颐和园生活区里最大的院落。乐寿堂院内，有前后两进院和东西跨院，大小房间共 49 间，全部由走廊连接，院内的东西配殿有 10 间房屋，是女官的寝室，后院一排九间北房，则是慈禧存放珍宝的库房。

乐寿堂东边的偏院叫作永寿斋，是总管太监李莲英的住所，在西面院墙上的这个小门，通向乐寿堂，这样，这名忠诚的奴仆就能够以最快的速度随叫随到。

乐寿堂大殿，在水木自亲码头后面，坐北朝南。大殿的前面，安放着一对铜鹿、一对铜鹤和一对铜瓶，取其谐音，寓意“六合太平”。一扇玻璃门后面，就是这座寝宫的正厅。

乐寿堂正厅内居中放置的，是皇太后的宝座，宝座的前面，铺着地毯，四周安放香炉，宝座的后面，是由 12 扇玻璃隔扇组成的宽大屏风，宝座两旁的大瓷盘里，曾经每天都盛着新鲜的应季水果。

这些水果，不是用来吃的，而是用来“熏殿”闻水果香味的。据说，慈禧每年用于“熏殿”的水果多达四万公斤。

乐寿堂的西套间，就是慈禧太后的卧室。卧室里的西墙上，挂着一块写有镀金寿字的大玻璃镜子，旁边一张明黄色装饰华丽的炕床占据了一角，床边上是一张四角安有轮子的西式造型的沙发，而缎面上的刺绣，却是东方风格的兰花。

镜子下方的架几上，摆放着一排洋人和大臣们觐献的西洋钟表和饰品摆件。慈禧喜爱钟表，据记载：在乐寿堂中共摆放了 85 座钟，就连卧室里也放了好几座。令人奇怪的是，在这些钟表的

▲ 乐寿堂全景

▲ 乐寿堂里的熏香水果盘

▲ 乐寿堂里陈设的西洋器皿

▲ 乐寿堂寝室里的沙发

吵闹声中，慈禧太后如何能够安然入睡。

“我是注意到一阵突如其来的沉默之后才觉察出来的，赶忙回过头去看，就见到一位娇小可爱的贵妇人满面笑容地走出来，太后脸上的微笑完全把我征服了，我不由自主地把她典雅的手指抬到了自己的嘴唇边，这是礼仪所无的，是我对她出乎意外的魅力所发自内心的赞美。

“就在我心里七上八下的时候，殿内的 85 座钟以 85 种不同的方式报时了，上午 11 点，作画的吉时到了。”

大概还没有人这样近距离地，这样放肆地打量过大清国至高无上的皇太后，更何况这是一个来自地球另一端的美国人。

“我举起炭笔在这位中国的皇太后平生第一幅肖像的画布上落下了第一笔，所有人都鸦雀无声地站在四周专心地注视我的每一个动作，因为只要与太后有关的事都是庄重的仪式。

“有那么一会儿，那 85 座钟的最轻微的嘀嗒声都仿佛大教堂的钟声，在我耳边轰然作响，炭笔落在画布上，听起来就像是大型锯子在锯木头，接下来幸运的是，我的兴趣上来了。于是除了我的绘画对象和我的工作之外，我对其他的一切都浑然不觉了。”

第一次绘制肖像的时间持续到那天中午，慈禧太后似乎并不急于尽快完成肖像，而是更热心于招待卡尔享受颐和园内的一切。当天下午，慈禧太后邀请卡尔到德和园看京戏。

从乐寿堂沿着这条走廊，可以直接到达位于乐寿堂东侧的德和园，像这样的走廊把乐寿堂和园内各个主要建筑都连接了起来，这样，慈禧太后出行的时候，就不必担心日晒雨淋。

德和园内的大戏台高达 21 米，共有三层，被称作福、禄、寿三台，一层是人间，中间是神道，上层是仙境。一层台底下，被比作地狱。

在戏台上能够同时表现天、地、人间不同空间的情景。在戏台的中心有绞车牵引的绳索贯穿上下，将绳索拴在演员身上，就使得角色能够轻而易举地上天入地。由于内部机械年久失修，那些奇妙的景象今天已经无法再现。

“我观察戏楼的结构时，太后显然注意到了我的行动，她走下御包厢的台阶，向我走来，她亲自登上舞台的台阶，要我跟在她后面，我们穿过舞台，太后建议我最好参观一下上面两层，这两层在中国民间的戏院里并未流行，上第二层，由此再上第三层的楼梯都在布景后面，太后亲自走上去，她踏在陡峭难行的楼梯上显得跟我一样轻松矫健。太后向我说道：‘没准你以后再没眼福见到好的中国戏楼了。’”

▲ 慈禧太后在颐乐殿内的宝座

大戏台的对面是颐乐殿，是慈禧太后看戏的地方，宝座就设在殿的正中。那时宫中的京戏演出经常是一演好几天，所以慈禧太后更愿意在能够选择各种随意姿势的里间窗边的炕床上看戏。

慈禧太后酷爱看戏，表演出色的演员不仅有丰厚的赏钱，甚至还能得到官爵。而来这里演出的戏班也都心照不宣地遵守着一个原则，那就是所有剧目里的太后必定是正面形象。

慈禧的爱好，极大促进了京剧的繁荣，德和园也成了当时中国最兴盛的大戏台，当时享有盛名的杨月楼、谭鑫培等名角都在这里演出过。

并不懂中国戏曲的卡尔被戏台的巧妙设计所折服，而那些极富冲击力的色彩、声音和造型也令卡尔耳目一新。

中国皇室在皇宫禁苑里的生活因为极富神秘色彩，不仅令国人神往，也引起西方人的强烈好奇。

为了满足这种探秘的渴望，1904 年中国参加世博会的时候，主办方希望布置一套清王朝的皇室内宅供观众参观，但是，帝后的深宫内廷是不便向外国人展示的。代表团团长溥伦贝子苦思冥想终于找到了一个聪明的解决方案，就是复制一套自家的客厅和卧室。

当时的英文报章兴奋地报道：溥伦王子住室华丽的复制品位

于英国和比利时展区之间，斜峭的屋顶四角向上翘起，色彩灿烂，是博览会上东方建筑的漂亮样本。

一套贝子住宅的复制品已经让外国人惊叹不已，赞赏有加，为华夏大国挣足了面子，由此，也许就不难理解慈禧太后希望用颐和园的绝妙建筑和奇美风景来征服美国画家卡尔的良苦用心了。

昆明湖，占据了颐和园四分之三的面积，夏天荷花开放，景色迷人。

卡尔曾有幸上过慈禧太后的游船。

“船从船坞出来早早等候着，她们从水木自亲码头上船，慈禧太后先走上船，坐在黄色的宝座上，皇后公主和女官也都上了船坐在旁边的垫子上，而太监都站着划船。

“我们划过湖面再回过头来看，宫殿、牌坊、建有寺庙的山、奇异的玉带桥、突入湖中的美丽的汉白玉平台简直就是仙境。”

慈禧太后经常要卡尔停止作画，邀她一起散步和游戏。慈禧对待卡尔的态度，也像她的外交政策一样摇摆不定。一方面宽容大度极尽地主之谊，另一方面，又始终存着防范之心，她甚至吩咐德龄悄悄监视卡尔的举动，但无论如何，卡尔得以无所限制地

▲ 为慈禧太后画像的美国女画家凯瑟琳·卡尔

尽情饱览了颐和园的美景。

在不同的园林景色中，卡尔发现了不少与西洋油画有异曲同工之妙的色彩和构图，也真切感悟了中国园林艺术与中国绘画一脉相通的布局、意境和神韵。

慈禧太后很快对坐在宝座上被临摹失去了兴趣，这时候，她迷上了来自西洋的照相术。

由于当时的照相机不够灵活，所以在调整焦距和构图的时候，机器不动，人动。

从 1903 年到 1906 年，慈禧太后共拍摄了 786 张照片，其中大部分是在风景秀丽的颐和园拍摄的。

慈禧最喜欢把自己扮成观世音菩萨，正如她喜欢别人叫她老佛爷一样。

对于来自西洋的新鲜玩意儿，慈禧始终不乏好奇之心。1902 年，慈禧从西安返回北京后，就在颐和园里架设了首条皇家电话专线。

慈禧还收到过一辆小轿车，据说是袁世凯送的生日贺礼。这应该是中国第一辆进口小汽车。但是，慈禧认为司机坐在自己的前面是大不敬，要求司机必须跪着开车，因为实在没办法操作，所以这辆车只能成了摆设。

▲ 慈禧照相情景再现（一）

▲ 慈禧照相情景再现（二）

1904 年，慈禧准备在颐和园举办自己 70 寿辰的万寿庆典，可就在这时，爆发了日俄战争。日本和俄国为了争夺中国的土地，在中国的东北大打出手，而清政府却应日本政府的要求，宣布严守中立。

慈禧太后五十岁那年爆发了中法海战，六十岁的时候恰逢中日甲午战争，七十岁又赶上这场日俄战争，这让慈禧很是不快，她恨洋人的不讲情面让自己每逢大寿都不能尽兴。

章太炎讽慈禧对联

20 世纪初，国家内外一片交困，但慈禧太后却依旧醉生梦死。1904 年阴历十月十日是慈禧的 70 岁生日。为此，清廷举行了极为隆重的“万寿庆典”。对此，举国上下愤恨不平，尚在狱中的著名文人章太炎慨然写下一副讽刺慈禧的对联：

今日到南宛，明日到北海，何日再到古长安？叹黎明膏血全枯，只为一人歌庆有。

五十割琉球，六十割台湾，而今又割东三省，痛赤县邦圻益蹙，每逢万寿祝疆无。

日俄战争结束后，原来被俄国占领的中国领土全部割让给了日本。这艘“永和”号小火轮，是日本人送给慈禧的礼物，用来答谢清政府在日俄战争期间给予日本的配合。

日本对俄国的胜利还让清朝官员得出一个结论：这是立宪国家对专制国家的胜利。1905 年，慈禧太后下旨：派五位大臣出国考察君主立宪。但是革命党人却对这种不疼不痒的改良姿态不以为然。

9月24日，五大臣乘坐的列车被革命党人炸毁，9月25日，五位大臣中的三位大臣赴颐和园向慈禧太后面奏事情经过，慈禧太后听后，“凄然而泪下”。她唯一能做的，就是把颐和园的围墙，又加高了3尺。现在，人们还能看到加高的围墙上这道清晰的印记。

在颐和园里度过了九个多月的卡尔，总共为慈禧太后绘制了4幅画像。

最早完成的“慈禧太后朝服像”，画像笔法细腻，色彩丰富，但是，有一点却与一般西洋油画不同。按照西洋画法，人物的面部应该有光线投射造成的明暗对比。可是慈禧太后认为脸上的阴影一半黑一半白，好像阴阳脸，不如中国画好看，所以画像最终画成了现在这个样子。

这幅慈禧画像被送往1904年的美国圣路易斯万国博览会。画像展出之后，引来观者如潮，成为世博会上轰动一时的新闻。

后来，“慈禧太后朝服像”被作为大清国的礼物，赠送给美国政府，美国总统罗斯福在白宫举行了盛大的接受典礼，这幅画的原件至今仍然被珍藏在美国国家博物馆。

“老佛爷”画像被外国人赞美之日，正是清政府的统治风雨

▲ 送往美国圣路易斯万国博览会展出的
“慈禧太后朝服像”

飘摇之时。而中国代表团在本次世博会上的风光，也成为大清国留给世界回光返照式的最后亮相。

1908 年，慈禧太后和光绪皇帝即将走到生命的尽头。颐和园风貌依旧，它还在承担着王朝最后的使命：7 月 24 日，是光绪皇帝的万寿庆典，他照例在颐和园接受祝贺，在德和园陪慈禧太后看戏；10 月 12 日，光绪皇帝和慈禧太后在仁寿殿接见了英国公使，这是清政府在颐和园举行的最后一次政务活动；一个星期后，慈禧和光绪像往年一样告别颐和园回到西苑，也就是今天的中南海，从此再也没能回来。

1908 年 11 月 14 日，38 岁的光绪皇帝驾崩，一天之后，74 岁的慈禧太后去世。3 岁的溥仪成为大清国皇位最后的继承人。

1908 年 12 月 19 日，隆裕皇太后传下懿旨："皇帝尚在冲龄，一时未能临幸颐和园……"至此，清皇室明确宣布停止对颐和园的游幸。

颐和园，继续保持着神秘，只有一些洋人和达官贵人有幸前来观光。世人仍然充满着对慈禧太后，对这座最后的皇家园林的好奇与想象……

导演手记：《颐和园》诸位

王伟达（第五集编导）

那时我们住在颐和园外两公里左右的一小招待所里，上百人吵吵闹闹，莺莺燕燕，过着学生般的集体生活。即使拍摄很累，只要拍摄一完，喝酒，掏心窝，聊艺术，逗姑娘，什么鸟都有！

总导演金明哲平日里气宇轩昂，一表人才，不当个头目都对不住他自己。此人兼具早年动画片《没头脑和不高兴》中二位主人公的特点，拍摄的那些日子里特别辛苦，只要不是他本人正在拍摄，那么，无论在哪里，金导都能捧着肚子累得睡过去，风雨无阻。即便是在休息时间，他也持续抓狂，常常无故踹开我屋门，冷冷扫视我几眼，当我的目光刚由被吓到的愤怒转为不知所措的谄媚时，他已扬长而去，又酷又飒！

第二集导演刘华出身服装学院，这人天资聪颖，一通百通，反正是剪，一不做二不休，直接由剪花布的变成了剪片子的。刘导常常用口齿不清的口音开些不合时宜的玩笑，自己很开心，别人看到他很开心，所以很生气。后来刘导扮演康有为在仁寿殿中跪了一上午，非常传神，大家都觉得很解气，纷纷鼓掌叫好，刘导很伤心，从此离群索居，经常独自流连在剧组驻地旁的一堆军需物品小商店里，对着一些凶器发呆！后经人揭发，他凝视的是一把剪子，大家兴致索然，不再理他。

赵姑娘相当犀利，脸带威严，若非年轻，十足的一个慈禧。我说的赵姑娘有两个，按年龄大小排序。

总策划、总撰稿赵姑娘奇瘦，夏天在空调开放的央视大楼中，你经常可以看到她身着羽绒服的身影，但这并不影响赵姑娘的工作热情。在气温比市区低好几度，风比市区大好几级的冬季颐和园中，你经常可以看到她身着2—3件羽绒服的身影。此女逻辑清晰，语速极快，常常将人噎得晕头转向，待定神找她时，她已不见踪影，只偶尔留下一片羽绒在空中飘舞。后期审我片子时，赵姑娘砍砍切切，心狠手辣，如入无人之境，着实是个狠角色！

比起来，第三集编导赵姑娘就嫩多了，虽然一张冷脸而人却好欺负，嫩赵姑娘很有文化，硕士读的是古代文学专业，一猛子扎入图书馆查资料乃是一把好手，其劲头让人敬重，只是大家并不买账。看她拍的片子时，众人批评得争先恐后，津津有味，有的循循善诱，有的阴阳怪气，其乐融融，每逢这时，嫩赵姑娘大总是一言不发，虚心接受，反正坚决不改，心理素质极好！

制片杨波，我们都觉得这个字显得很流氓，于是简称他为杨皮，初时他并不领情，每当叫他，他总翻起一对怪眼，嘴里嘟嘟囔囔估计全是粗话。终于，日子久了，再喊时，他处乱不惊，坦然自若了，只在某些天气不好的日子里，脸上泛起一丝悲凉，不过这也直接导致了我们的无理要求他从不答应。不过此君人是很好的，无论是冰天雪地，还是酷日炎炎，他总给我们送来一贯如此的难吃饭食。

灯光老马身高九尺，膀大腰圆，擅长喝酒吃肉，家住西三环边八一厂，人送外号：镇三环！统领着一帮面目狰狞的灯光兄弟，挥舞着各种钢铁器具，到处找事儿，酷似黑社会。典型的违法举动是经常勒令杨皮兄去给他们买驴火，想皮兄是何等人物，当然忍气吞声，使命必达。偏偏老马长相很是温柔，一对凤眼，眉目含情，每当吃饱喝足，常跟颐和园工作人员唠些东家长西家短，人缘极好，为他以后四处铲事儿打下了良好的基础！

摄影师傅主要有两位，一姓刘，一姓李。刘师傅山西人，性格执拗。李师傅浙江人，却脸上毛茸茸的像个西北汉子。刘师傅好酒，平日里镜头经常抖动，醉态可气，李师傅好色，镜头中常惊鸿一瞥出现漂亮的游人小妞。刘师傅好文，常以斗嘴的形式跟嫩赵姑娘讨论文学，不过后来被赵姑娘灭了。李师傅好武，拿起家伙什儿，连灯光老马都让他三分。算了算了，摄影师傅平时工作需经常仰仗，在此不敢胡说了。

作曲刘元老师是一无所有崔大师的同门，岂容小视。据说是为了感受颐和园，他也经常跟我们鬼混在园子里，溜溜达达，却不合群，偶尔我等小辈追星族上前搭讪，他总云山雾罩，不着四六，若不知情，你会认为此人听力有问题，那我等也不敢放肆，赶忙若有所悟，连连点头。老炮儿就是老炮儿！混得几日，也不知哪个挨千刀的认为刘老师的后脑勺颇有皇上气质，于是刘老师几乎演遍了跟颐和园有关系的清朝皇帝。从此刘老师经常立于昆明湖边振臂疾呼：我不再只玩过音乐，我还插足影视了！

施润玖拍过电影，这一点足以让他在我们这堆电视工作者中腆胸迭肚，牛气十足。大家都尊称他为九姑娘，因为拍摄期间他经常一脸媚态盯着你，然后骂你个狗血喷头，却不闻脏字。

一日，助编李屹不知哪里得罪了他，小睡过后睁眼竟发现，九姑娘的脸在离他的脸不足10厘米的地方，正笑眯眯地盯着他，这孩子吓得怪叫一声，险些从此落下了精神错乱的病根。老玖才华还是横溢的，只有他懂刘元老师，两个人于是搬到一个屋，天天关起门来鬼鬼祟祟嘀嘀咕咕。直到有一天，老玖的老婆孩子前来探班，人们终于看到了正常的天伦老玖，这才释然：原来他那样都是艺术逼的。

李屹和第四集导演张越佳长得很相似，眼镜，温顺，臭不要脸，有女人缘，所以他二人惺惺相惜。李屹生日时张越佳跑出去买了把吉他相送，张越佳于是自己天天弹起来，他基本不会，所以弹得很难听，但很执着，所以不得不听，所以我干脆加入，我们组了个乐队名曰：222，颇像我们的真实写照，实际是我们三人居室的门牌。乐队由吉他和一众打击乐器构成，奏将起来声势浩大。某日排练时，引来了震怒的睡眼惺忪的拍摄花絮的夏老师，在我们真诚的演奏过后，夏老师拿起摄像机对着我们一通狂拍，我们心中很是受用，不禁唱道：解放区的天是明朗的天，解放区的人民爱摇滚乐……本乐队保留曲目为radiohead的creep，每日每人弹唱数十遍，此起彼伏，乐此不疲。

先这样吧。

在此怀念节目组所有的兄弟姐妹。

至于颐和园有多美，有些地方必须身临其境才能感受，自己看去吧。

将来如果有空，我还想回到那里，再带上亲爱的你，清晨从公园侧面那个鲜为人知的小门溜进去，一点不落地享受湖光山色的抚慰。

▲ 清时颐和园

皇家禁地颐和园，如何向公众撩开面纱？两军对峙北宫门，是谁让战火消于无形？两尊铜佛，佛香阁里结奇缘。两块石碑，二百年间写沧桑。

第六章　沧桑续文明

▲ 东宫门俯瞰图

清晨六点，颐和园在安静祥和中开始了新的一天。

东宫门是颐和园的正门，六扇朱红色大门上横竖各镶嵌着九颗镀金圆钉，门的上方悬挂着光绪题写的“颐和园”金字大匾。门前御道丹陛上雕刻着二龙戏珠图案，这是乾隆年代的遗物，1937 年从圆明园安佑宫废墟移到这里。

龙是皇帝的象征。当年，中间的这扇大门只有帝后才能出入。现在，每天从这里进入园林的游客平均有上万人。

从乾隆兴建清漪园开始，这个古老的园林历经了二百多年岁月。然而，在前一百多年的时间里，普通人是不能进入这里的。

1924 年，已经退位的清朝末代皇帝溥仪，依然居住在紫禁城后宫之中。年初的一天，溥仪突然作出了一个决定：他和皇后要去看一看颐和园，这个决定让内务府的官员诧异，因为这并不是一件简单的事情。

1908 年，三岁的溥仪登基后，隆裕皇太后就下诏停止了皇帝对颐和园的游幸。颐和园的建筑陈设被封存保管。此后，被闲置的园林日渐荒废，只有少数洋人和高官得以一睹它的真容。

1911 年的辛亥革命，把清朝皇帝赶下了皇位，但是按照皇室优待条件，溥仪仍然是紫禁城后宫和颐和园的主人。

从 1913 年 4 月 24 日起，颐和园有限制地对外开放，各界著名士绅和达官贵人经民国政府有关部门批准，发放门照，然后通知清室内务府,方能进入园内。开放日定为每月农历逢六日和阳历的周日。当时，进入颐和园既不叫参观也不叫游览，而是叫作瞻仰。

起初规定，瞻仰颐和园各界以十人为限，而女界一概不发门照，后来，由于妇女界的强烈反对，才改为女性可以在阴历每月初六参观。

一年后，1914 年 5 月 6 日，皇家园林颐和园开始向社会售票开放。

虽然溥仪从三岁起就成了颐和园名义上的主人，但是，直到 1924 年，已经 19 岁的他，才第一次前往颐和园。这也是溥仪第一次走出北京城的城门。

溥仪一行从东宫门进入颐和园，陪同溥仪的是他的英国老师庄士敦，也正是他的提议，才促成了溥仪的首次颐和园之行。

此行第二天，庄士敦出任颐和园的新总管。园子里的湖光山色和各处精美的建筑带给溥仪莫大的惊喜。据庄士敦回忆，“皇帝非常高兴，他第一次见到了从未见过的乡村和颐和园。颐和园本身还没有毁坏，这大大地超出了皇上的想象”。

后来，庄士敦专门从外地为溥仪订制了三艘新式游船，当第一艘叫作爱丽儿的船下水的时候，在园内职员中引起极大轰动，庄士敦这样回忆当时的情景：“他们以前从没有见过这样的船，当看到天子取代了船夫这一辛苦费力的职业，在吃力地划动着船桨时，他们起初都很恐慌。”

然而，为溥仪订制的第三艘游船还没来得及运到颐和

庄士敦

英国人，1874 年 10 月生于苏格兰，后毕业于爱丁堡大学和牛津大学，1898 年庄士敦赴中国，先后在香港、威海卫的英殖民政府中任职，渐渐成为精通中西文化的学者。1919 年，庄士敦应邀到紫禁城担任溥仪的英语、数学、地理等西方学说老师，备受溥仪的敬重，和溥仪建立了很好的私人关系。1930 年庄士敦返回英国，在伦敦大学任教，著有《儒家与近代中国》《佛教中国》《紫禁城的黄昏》等书。1938 年庄士敦在家乡爱丁堡病逝，享年 63 岁。

▲ 帝师庄士敦

园，局势又有了突然的变化。

1924年11月5日，冯玉祥将军率部把溥仪和他的小朝廷赶出了紫禁城，与此同时，清皇室也失去了颐和园。

颐和园的殿宇陈设由民国政府组织的“清室善后清查委员会”查封。然而两年之后，曾经受过溥仪重赏、时任京畿卫戍司令的王怀庆，居然私下里把颐和园又交还给了清皇室。

一位北大教授于1925年带两个女儿游颐和园后写下这样的日记：

五月十五日，星期四，阴晴不定。同三女四女，坐汽车游颐和园……门票洋一元二，入排云殿又买票，每人洋五角，谐趣园又买票，每人洋二角……购买的颐和园图一张，洋一角……湖中有舟，游湖可三元则至五元。

而他们在园中又看到了什么样的景物呢？日记中这样写道：

园内陈设全收，桌上花瓶，只余木座，尘凝数寸，门贴封条，惟睹其建筑之宏壮……

当年颐和园的门票一共三联，售票时留下一联，入园和出园时各收取一联。门票的价格是大洋一元四角，恰好是当时一袋四十斤装面粉的价钱。

售票所得钱款三分之一归步军统领衙门，其余的归清室内

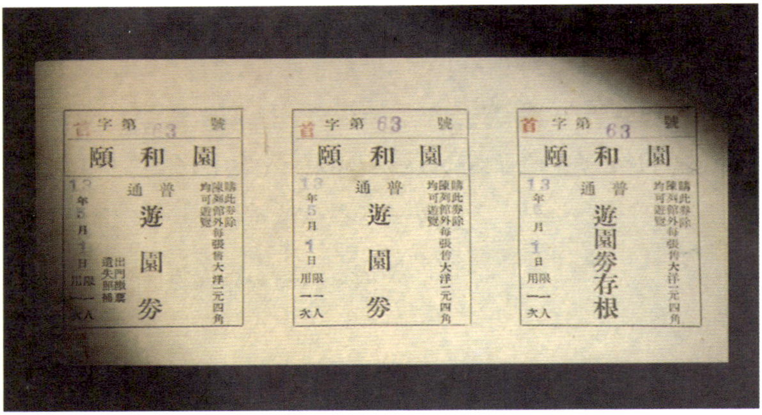

▲ 颐和园最早门票

▲ 民国颐和园清宴舫

▲ 民国颐和园

务府。

颐和园售票开放的主要目的是筹集经费。因为这时的小朝廷已经无力支付颐和园的开支了。

自从慈禧死后，颐和园每年的养护费由原来的 15 万两白银削减到了 5 万两白银，后来，就连这 5 万两白银也无法按期支付。

1921 年，有 30 家承接颐和园修缮工程的木场联名向溥仪追讨工程欠款近 25 万两，而清皇室最后只支付了不足一半的债券，草草了事。

即使加上门票收入，颐和园的日常开销依然入不敷出，园林建筑日渐残破。

1928 年 7 月 1 日，颐和园由南京国民政府内政部接收，这标志着这座昔日的皇家园林从此正式成为国家公园。

此时的颐和园破败依旧，为了筹集经费，出租了许多建筑。

乐寿堂前院、乐寿堂益寿堂、景福阁、涵虚堂等 17 所建筑作为甲等房出租；知春堂、宜芸馆北院、玉澜堂东房等 22 所建筑作为乙等房出租；乐农轩、永寿斋平安室等作为丙等房出租……

画中游，位于万寿山西麓半山腰，是兼具点景和观景功能

▲ 画中游

的建筑。正面是一座两层的楼阁，两边各有一楼，东边的叫“爱山”、西边的叫“借秋”。后边有“澄晖阁”。各建筑之间由爬山廊连接。

从阁中观景，昆明湖水面辽阔，烟波荡漾，远处水天相接，苍茫一色。从湖面向万寿山望去，掩映在青山翠柏之中的画中游，时而绚丽，时而朦胧。人在景中，如在画中。

1932 年，画中游被一个旧军阀的儿子倪道杰租下。由于建筑残破，倪道杰不得不自己出资修整。

排云殿西侧的清华轩，被袁世凯的大儿子袁克定长期租住。这里原本是乾隆时期清漪园大报恩延寿寺罗汉堂的遗址，慈禧太后重修颐和园的时候，这里改建为清华轩。院子里有一个水池呈八角莲花形状，池中的水叫八功德水，象征佛经中所说的具有八种功能的净水。

袁克定在这里一住十几年，直到中华人民共和国成立前夕，才因为付不起房租搬出了清华轩。

为了赚钱，南湖岛被出租开了饭店，就连佛香阁都开了这家饭店的分号。

颐和园还招商成立了渔业公司捕鱼出售，昆明湖变成了一个大鱼塘。

在颐和园一些殿堂的前面可以看到的大铜缸，当年，里面储满清水，供消防之用。1945年7月15日的深夜，颐和园排云殿前，有一项紧急的工程正在悄悄地进行，三对大铜缸表面的镀金被员工们仔细刮剥了下来。

自1937年之后，颐和园就被日本侵略军占领，现在，这些铜缸即将被日军运回日本制造武器。员工们把铜缸上刮下来的金屑熔成了大小三个金锭，共重2两4钱，秘密呈送给北平市长交库密存。

20多天后，园内6个大铜缸被日军运走，同时被运走的还有铜桌1个、铜香炉4个、铜火炉19个，然而，这些铜器刚刚运到天津还没来得及出海，日本就投降了，这些文物才重新回到了颐和园。

抗战结束三年之后，颐和园再次面临战火的威胁。

1948年12月，国民党傅作义的部队进驻颐和园，在园内后山和北宫门外挖战壕，筑碉堡，准备与攻城的解放军决一死战。

12月12日，解放军先头部队挺进到达安和桥，距离颐和园北宫门只有几百米，双方处于有效射程之内。然而，进攻始终没有发起。

原来，中共中央委托建筑专家梁思成先生列出了北京城

▲ 颐和园内的铜缸（一）

▲ 颐和园内的铜缸（二）

内重点文物古迹的分布情况，保护古迹的命令已经下达到解放军的各级指挥员。解放军部队奉命绕道石景山挺进城区。在园内驻扎了一夜的国民党军队不战自退，颐和园最终免于战火。

景福阁，位于颐和园前山东部，清漪园时期这里是一座形似昙花的两层楼阁叫作昙花阁，1860年昙花阁被英法联军烧毁。慈禧重修颐和园时改建为景福阁。

1949年1月29日，解放军和北平守军傅作义双方联合办事机构在这里宣布成立。随后，一系列关于北平交接的实施办法在这里商定。两天之后，北平和平解放。

当时，双方联合办事机构的主任、解放军代表叶剑英，临时居住在紧邻景福阁的益寿堂。益寿堂有精美的垂花门，正殿和东西配殿由游廊连接。它建于光绪年间，曾经是颐和园的专供药房。

1949年3月25日上午，益寿堂里来了一批特殊的客人，他们是刚从西柏坡赶到北平的中共中央和解放军总部的负责人，毛泽东、朱德、刘少奇、周恩来、任弼时等人在益寿堂稍事休息，当天下午，从这里前往西郊机场，举行了中共中央进入北平城的

▲ 景福阁

阅兵仪式。

早在1948年底，颐和园先于北平迎来了新的时代。

当时的颐和园建筑残破腐朽，草木荒芜凋零。解放军接收颐和园的时候，园内库存的现金仅有旧币2027元3角4分，折合人民币两毛钱。

1949年初，华北人民政府组织各界专家对颐和园作了一次彻底的勘测检查。随后，抢救性的修复工程逐步展开。在国家百废待兴、财政十分困难的情况下，各地方政府为颐和园的修复慷慨解囊。

1949年11月，华北人民政府核准颐和园修缮费小米15万斤。1950年东北人民政府为颐和园整修古建筑捐助红白松、水曲柳2300立方米、玻璃300箱、水泥300吨。西南军政委员会捐助杉槁2000根、桐油200吨。西北军政委员会捐助杉槁苎麻50吨。华东军政委员会捐助赤金50公斤、纱布100疋、樟木胶合板500张及颜料等。

佛香阁，是万寿山前山建筑的构图中心，也是最主要的观景平台，站在佛香阁上向南望去，中央建筑群尽收眼底，开阔的昆明湖面上，平卧着十七孔桥和蜿蜒的西堤，远景是无尽的田畴。向西望去，玉泉山与西山的远景与园内的景物浑然一体，意境深远。这样的景观是中国古典园林艺术的经典之作。

然而，由于年久失修，在中华人民共和国成立之初，佛香阁已不能供游人登楼观景了。

1953 年，佛香阁进行了清末以来第一次全面整修，倾斜 6 厘米的大木构架被重新拨正，全部阁顶重檐挑顶重修，补齐了琉璃瓦，重新描绘彩画金龙和玺，贴大赤金。

这次工程竣工后，佛香阁 30 年没有发生过渗漏。1976 年唐山大地震时，佛香阁只有挂檐板被震落，建筑依然完好无损。

在整修佛香阁的同时，德和园、听鹂馆、涵虚堂、排云殿等主要建筑也陆续得以修缮。

1958 年，颐和园开始邀请北京的各大文艺团体在修缮一新的德和园大戏楼上演剧目。自 1908 年慈禧死后，整整过了 50 年，这里又重新响起了鼓乐之声。

全长 728 米的长廊，是颐和园的标志性建筑之一。作为世界上最长的画廊，它以优美的造型和廊上的 14000 多幅彩画闻名于世。

中华人民共和国成立之初，长廊彩绘已经有 50 多年疏于修缮，画面油彩剥落，模糊不清。

1959 年，长廊大修工程启动，这也是自晚清以来，长廊第一次全面修复。

由于长廊采用的苏式彩绘的工艺主要是由工匠自由发挥，内容题材并不固定，随意性强，难以保存。原来的彩画图案缺乏参考资料，究竟该如何修复，成了一个难题。

当时，颐和园的一位工作人员忽然想起，他去杭州出差的时候，曾经带回了一张杭州游览图，于是，这张旅游图上的西湖风景就被绘制在长廊上。

多方招揽的能工巧匠大展身手，许多模糊不清的彩画被描摹一新，时隔半个世纪，长廊风采重现。后来，长廊又几经修缮，现在人们看到的彩画，大部分是 1978 年绘制的。

1990 年 12 月，冰封的昆明湖上热闹非凡，一项宏大的工程全面展开。自乾隆时起，是这池昆明湖水成就了园林的秀美景色，而历经 240 年的岁月，昆明湖淤泥沉积，水量不断减少。1982 年 2 月 8 日，甚至全湖干涸。1990 年 11 月北京市政府决定，利用冬季时间，一次性完成昆明湖底清淤。这也是昆明湖历史上首次彻底清淤工程。

在机械作业之前，需要人工凿开昆明湖的冰面，二十多天时间，北京市各界约 18 万普通人参加了这项工程，而且全部都是义务劳动。

▲ 颐和园清淤工作（特效图）

清淤工程历时两个多月，清挖面积 120 万平方米，整个湖底平均深挖了 57 厘米。

1991 年 3 月 10 日，昆明湖重新开闸放水。清淤后的昆明湖恢复了清漪园时期湖水清澈、碧波浩渺的景观。

昆明湖上蜿蜒的西堤，是清漪园时期仿照杭州西湖的苏堤修建而成的。随着颐和园西区整治工程的展开，西堤一带的江南秀色，在 130 多年之后，重新焕发了生机。

1991 年，在昆明湖西南部一段空旷多年的长堤上，一组建筑平地而起，它由三座两层的小楼组成，名叫景明楼。

景明楼始建于清漪园时期，是昆明湖西堤之上最大的建筑。它仿照元代画家赵孟頫著名画作中的景致修建而成。1860 年，景明楼被英法联军烧毁。慈禧修建颐和园时，景明楼被放弃重建。

一个多世纪后，在原址上建成的景明楼，让著名的“春和景明”的景色又出现在颐和园中。

颐和园万寿山后山和前山的建筑风格不同，植被也有所区别。

前山以柏树为主，间植松树，青松翠柏，与前山富丽堂皇、飞彩流金的殿阁交相辉映，将皇家园林的恢宏气势渲染得淋漓尽致。

后山植被以松树为主，辅以柏树，间植枫树、槐树、桃树、杏树，林间树下遍布着色彩纷呈的灌木花草，比起前山，后山更接近自然山野的景色，与这里精致婉约的建筑风格相映成趣。

由于光照不同，后山比前山平均气温低 1 摄氏度左右。尤其在夏天，后山的凉爽、湿润，使人产生清幽深邃、宁静舒适的感受。

在后山一些地方，至今还能看到许多清漪园时期的遗迹。

这些建筑都在 1860 年毁于大火，慈禧时期，由于经费短缺，整个后山的建筑都被放弃重建。

20 世纪 80 年代之后，后山的建设成为颐和园景观恢复的重点工程之一。

从北门进入颐和园，拾级而上，步移景换，最后眼前豁然开朗，一组美轮美奂的藏式佛教建筑展现在眼前，令人仿佛置身于佛国仙境一般。

这组建筑叫作四大部洲，是后山建筑的核心。在被英法联军烧毁后的 100 多年里，这里一直是一片废墟。20 世纪 80 年代，四大部洲得以整修。

1990 年的秋天，幽静的万寿山后山异常热闹。曾经消失一百多

▲《耕织图》（局部）

年的买卖街再现于世人面前。买卖街，俗称苏州街，是乾隆下江南之后，模仿苏州的山塘街修建而成的，所以，一河两岸的格局颇具江南特色。此次复建，苏州街全面恢复了清漪园时期的景观。

唯一不同的是，当年的苏州街是乾隆送给皇太后的礼物，让太后不出北京，随时享受游江南的乐趣。而今天，苏州街已经成为来自世界各地的游客追思历史、品味文化的地方。游人甚至可以亲身体会一下当年皇帝和太后游园时的感受。

走进颐和园西北角的这片景区，人们可以感受到浓郁的自然气息和乡村野趣。这个别具风貌的景区叫作耕织图，它曾经是乾隆时期清漪园的重要组成部分。

《耕织图》本是绘画名称，起源于南宋。绘画内容以农村耕、织生活为主，是历代帝王劝课农桑的重要形式。清朝康熙、雍正和乾隆时期都绘制过耕织图。乾隆以耕织图绘画为蓝本，在清漪园中修建了耕织图景区。

耕织图景区从乾隆十五年（1750 年）开始兴建，第二年，清朝内务府的织染局由地安门迁到了这里，同时圆明园的 13 户蚕户也搬迁过来，开始了在清漪园里的耕织生活。

每年九月，织染局还要在蚕神庙里祭拜蚕神。以稻田农耕、桑蚕养殖为主要景观的耕织图象征着首重农桑的治国之本。

1860 年，耕织图被英法联军纵火焚毁。慈禧重修园林的时候，建起了围墙，耕织图大部分被划在围墙之外。耕织图的建筑已经荡然无存。

从 2003 年起，耕织图原有建筑陆续复建。如澄鲜堂、玉河斋、延赏斋、蚕神庙、织染局和水村居等。

在荒芜了 144 年之后，耕织图景观再现于世人面前。

耕织图景观的复原，也标志着颐和园西北区域已经基本恢复了清漪园时期的面貌。

从清漪园到颐和园，在这个古老的园林中，有许多故事和传说伴随着时光一起流传。万寿山拆塔建阁的谜团还有待后人破解，而佛香阁里又续写着新的传奇。

1989 年国庆节前夕，再次大修后的佛香阁准备全面开放，迎接各地游人。然而，整修一新的殿堂中，却有一个难以弥补的缺憾。

清漪园时，佛香阁里供奉着一尊千手观音铜像。1860 年，佛像毁于英法联军纵火。修建颐和园时重塑的泥胎佛像，也在后来的动乱中被损坏。多年来，一层的佛像一直空缺。

正在此时，有一个消息传来，人们在北京西城区一所寺庙旧址的夹壁墙里，发现了一尊巨大的佛像，与记载中佛香阁的观音

▲ 佛香阁内千手观音

▲ 后匹配的小佛

像十分相似。

几经周折，这尊重达万斤的大佛终于在 1989 年 9 月 29 日的下午，安家于佛香阁一层。这尊来历神秘的大佛为全铜制成，高 5 米，有 12 面 24 臂，经鉴定，它的历史已经有 400 多年，远远长于这座园林的历史。

令人惊异的是，无论铜佛的样貌姿态还是大小尺寸都与佛香阁珠联璧合，就像专门订制的一样合适。唯一美中不足的是，按照佛教仪轨，观音佛像的顶部最上方还应该有一座小佛，叫作化佛，而这尊铜佛的化佛已经缺失，只剩下底座。

神奇的故事并没有到此结束，就在大佛安家之后，有人想起在颐和园的库房中还保存着一尊小铜佛，那是游人在昆明湖游泳的时候打捞上来的。

人们突发奇想，试着把小佛安放在大佛头顶的底座上，结果，两尊佛像居然配合得天衣无缝。从此，这大小这两尊铜佛与佛香阁的奇缘，就成为颐和园的一段盛世佳话。

1998 年，颐和园被列入世界文化遗产名录。

世界遗产委员会对颐和园有如下评价："北京的颐和园是对中国风景园林造园艺术的一种杰出展现，将人造景观与大自然和谐地融为一体。颐和园是中国的造园思想和实践的集中体现，而

▲ 苏州街旧景（图一）

▲ 苏州街今景（图一）

▲ 苏州街旧景（图二）

▲ 苏州街今景（图二）

这思想和实践对整个东方园林艺术文化形式的发展起到了关键性的作用。以颐和园为代表的中国皇家园林，是世界几大文明之一的有力象征。”

在万寿山前山中部，有一块“万寿山昆明湖”石碑，它立于 1751 年，是乾隆兴建清漪园的纪念碑。2000 年，又一块汉白玉石碑在东宫门内竖立起来，它是颐和园成为世界文化遗产的标志。两块石碑，相距咫尺，却跨越了 249 年的沧桑岁月，而蕴含其中的文化与文明的精髓则一脉相承，生生不息，穿越时空，绵延不绝。

颐和园大事记

1750 年　清漪园开始兴建；

1764 年　清漪园建成；

1860 年　清漪园被英法联军纵火焚毁；

1886 年　清漪园开始重建；

1888 年　清漪园改名为颐和园；

1895 年　颐和园建成；

1914 年　颐和园对外售票开放；

1928 年　颐和园正式成为国家公园；

1950 年　颐和园开始自清末以来首次全面修复；

1998 年　颐和园被列入世界文化遗产名录。

导演手记：《颐和园》之“最”

赵　微（总策划、总撰稿）

从2006年到2009年，《颐和园》拍摄制作历时两年多，那些艰苦而快乐的日子留下许多难忘的记忆。从中选取一些，以“最”记之。

最遗憾的创新

颐和园的水是园林的精华，也是片中重点表现的元素。为此，我们曾设计了一组水下摄影镜头，在当时这绝对是创新，大家为此都兴奋不已。开始打算在昆明湖里用挡板围出一块水面，成为虚实结合的水下拍摄现场，因工程过于浩大，此方案被否决。后来又计划做个大玻璃缸沉入水中，因制作运输困难也无法实现。经过一番考察，最终选定了北影摄影棚中的一个大水池，池底铺上泥，种上水草，水里放养了鱼，准备好了摄像机的防水装备。万事俱备，择日开拍。谁知开拍后却出了问题。摄像机刚一进入水中，就见监视器里的画面由清澈透亮转眼间变成浑浊一片。开始以为是动作太猛所致，又以极尽温柔之动作重复数次，依然不行。这才发现，原因在于泥的成分配比有误，以至于水体稍有扰动，池子底部的淤泥就应声泛起，好似马勺搅动一锅浓稠的米汤，镜头成了瞎子。一番徒劳之后，泥沙泛起的问题还是无法解决，限于时间和经费，水下摄影只得作罢。由于一个技术性失误，大家期待中的一组经典镜头就这样在一股污泥浊水中化为乌有。

最讨巧的更正

慈禧特别爱看戏，还常常把陪她看戏作为对臣下的赏赐，然而对不爱看戏的大臣来说这却是件十分痛苦的事。光绪年间，固原提督雷正绾烟瘾特别重，陪慈禧听戏的时候他贿赂太监每隔半个时辰，为他送一杯浸泡鸦片的“香茶”，每次赏给太监一千两白银。连听三天大戏之后，雷正绾光“茶钱”就花了白银一万八千两。这个生动表现君臣关系的小故事原本用在第五集，因篇幅原因被删去。我觉得可惜，又把它移到了第四集。然而，在某次审片的时候，有专家指出，据考证，这个故事并不是发生在颐和园而是紫禁城。史实不能有硬伤，正当我们为终将舍弃这个故事感到遗憾的时候，只听专家接着说道：颐和园的确也有大臣陪慈禧听戏的故事。大臣在德和园听戏的时候，因为院内没有厕所，大门又被关闭，他们需要贿赂太监从一个距院外地面一人多高的小侧门搭梯子爬出去解决方便问题。据此，我们对片子作了修改。巧合的是，除了解说改动，把抽大烟换成上厕所的故事之外，只补拍了一个梯子的镜头，原来的画面大部分得以保留，就连时长也一点没变，可谓最讨巧的一次修改了。

最高难的配音

第四集的重头戏是慈禧六十三岁生日时在颐和园排云殿举行隆重奢华的万寿庆典（排云殿就是专为慈禧寿辰庆典改建的）。此时的慈禧正处于权力的巅峰，而大清朝却已到了覆灭的边缘。有这样一句解说可谓生动而精辟地概括了慈禧太后空前绝后的权势地位：“慈禧太后的权力越来越大，她名字前面表示尊敬的徽号也越来越长，如今，慈禧太后的全称已经是：慈禧端佑康颐昭豫庄诚寿恭钦献崇熙圣母皇太后。”这徽号长达十八个字，字与字之间毫无逻辑谁都不挨着谁，而我们对配音的要求是：此句要音调铿锵，起码前十六个字须一气呵成、不留空隙，甚至可以带点上气不接下气的感觉才好，突出其徽号之长，衬托其权势之盛。这让来自中央人民广播电台的资深播音员于芳老师也觉得有点难度了。不过大腕终归是大腕。三次试录之后，完美的一条就完成了。大家纷纷感慨，建议今后中国传媒大学播音专业可将此句作练嘴皮子之用。

最超值的礼物

《颐和园》的航拍特殊摄影由香港 FLYING-CAM 公司负责。按照合同，共拍摄三天，其中若因天气等原因无法拍摄，可以补拍，但仍需加收一笔费用，这也是国际惯例。在拍摄的第二天，因遇四级以上大风，停拍了半天，只能等待第四天上午补拍半天，因为航拍队日程紧张，已订好那天傍晚的机票。我和航拍队的老板兼首席机师、摄影师依曼纽先生几年前因拍摄《故宫》相识，此次航拍颐和园，他特地从日本赶来亲自操刀。这位身材高大、金发碧眼的比利时人也是航拍用的 FLING-CAM 遥控飞行器的发明人，20 世纪 80 年代他就因参与拍摄《007》系列影片获得过奥斯卡最佳技术奖。心灵手巧的伊曼纽对于一切能飞在天上的物件儿都兴致盎然。拍摄间隙，他看见颐和园里休闲的人们放飞各色风筝，面露艳羡之色。于是，我们花费数十元，在园里的小卖部买了个大号老鹰风筝送他，这令他十分高兴。当天晚上谈到补拍的事情，他主动提出次日可以一直拍到下午，然后直接奔机场。而且，不再加收任何费用！最后一天下午，全部拍摄圆满结束后，依曼纽把老鹰风筝小心翼翼地放在装飞行器的、外面标有“精密仪器”“轻拿轻放”“禁止倒放”等字样的箱子的最上层。他说，回去后的第一件事就是放飞这只老鹰。看着在大半天义务劳动之后依曼纽先生脸上依然灿烂的笑容，没人会否认，那个大老鹰风筝的确是个物超所值的礼物。

最实用的宝典

颐和园的山水草木、亭台楼阁、古董文物种类丰富，名目繁多，相关的人物、事件也数不胜数，对于我们这样的外行来说，要想短时间内厘清头绪，不太容易。而且，园林历史悠久，颐和园的前身清漪园建于清乾隆时期，距今已经二百多年，当时的相关资料奇缺，少得可怜的有关清漪园的史料散见于《清实录》《钦定日下旧闻考》《鸿雪姻缘图记》《宸垣识略》等几部书籍，一一查找难度很大。所幸的是，颐和园于2006年出版的《颐和园志》，不仅对园林的山水建筑文物历史等作了详细的说明和阐述，并且对涉及清漪园和颐和园的主要书籍及宫廷文献中相关的内容都作了整理和摘录。于是，这部十六开本，绿色封皮，重逾一公斤的《颐和园志》，就成为撰稿和编导们几乎人手一册、不可或缺的“葵花宝典”。在创作过程中，不论是查资料，还是学知识，《园志》几乎都是首选的参考资料。人人学而时习之，不亦说乎。节目播出很久后，我的那本《园志》还保留着当时使用时的模样：放在电脑旁边，书中密密麻麻夹满了书签。除了内容，对《园志》最深切的记忆还有它那沉甸甸的分量，捧读园志常致手腕酸软，只能置于膝上。这部《园志》对于《颐和园》的创作来说，堪称“宝书”。感谢所有为撰写《园志》付出心血和智慧的专家学者和工作人员！

▲ 颐和园晨景

▲ 昆明湖夕照

代后记　从头到脚说《颐和园》

概况

颐和园大家所知道的，通常都是慈禧太后居住的地方。我们可以听导游说得神乎其神，光绪曾经被关在这里，近代好多著名的故事发生在这里。甚至有导游煞有其事地告诉你当年戊戌变法荣禄来告密，走的是哪个门。这些真真假假的传说就不在这里一一列举了。

我想说的是，清代以来，皇家潜心经营的不是在城内，而是北京西北郊这一片山山水水。这一带，为人所知的皇家园林是颐和园和圆明园，还有畅春园、静明园、静宜园恐怕不为多数人所熟知。

这些园林的兴建，经过了三代皇帝的努力，其中，功绩最为卓著的就是乾隆。乾隆虽然是满族人，但他精通汉文化，把自己对汉文化的理解最终物化成一座有形的园林。这座园林就是颐和园，颐和园在乾隆时期叫作清漪园。这座园林不仅仅把西北郊三山五园连成一个整体，而且深得中国园林艺术的精髓，已经达到

▲《三山五园图》

中国园林建造的最高境界：天人合一。

现在的颐和园，其中很多部分保留着乾隆时期清漪园的遗迹或者中国文化寓意留存。昆明湖南面凤凰墩，北面南湖岛上有龙王庙，一南一北，一龙一凤，象征龙凤呈祥。东堤上有镇水铜牛，西边有耕织图，象征男耕女织。东面文昌阁供有文帝，西面宿云檐供有武帝关羽，一文一武。更有学者说，万寿山本身就好像一个太极图，前山为阳，后山为阴，阴阳互溶。又有人说，万寿山象征佛国的须弥山。环水套山，山环水绕的整体格局都来自于古典文化中的故事。树木掩盖之下，每一条山路，每个石阶，甚至可以坐下来小憩的石头，这种看似自然形成的东西其实都是人为的精心设计。所以有人称赞，“虽由人作，宛若天成”。

从一张古图上发现清漪园的真面目

1860年英法联军的那场大火，把北京西北郊的几座皇家园林付之一炬，也把园林的修建草图焚毁。所以清漪园当年的真实面目我们已经无从探究了。

当年焚毁前，有个意大利的随军记者留下的四张照片成为珍贵的资料，分别是文昌阁，后山佛塔，昙花阁，智慧海建筑。其余的，几乎都无从可考了。这也成为我们再现清漪园盛况的一大难点。（见下页，贝阿托的四张照片）

经过长期的查找，我们终于在故宫的文物中找到一幅《万寿庆典图》（此图即随书所附拉页图），推断应该是乾隆在清漪园为母祝寿时留下的图画。这幅图画展示了从紫禁城西华门往西到清漪园的沿途盛况，也清晰地描摹了大部分清漪园的格局和建筑细节。通过这幅图，我们可以清晰地看到文昌阁的建筑和贝阿托在1860年所拍摄的文昌阁建筑一致。从清漪园东宫门牌楼自西

▲ 文昌阁

▲ 多宝塔

▲ 昙花阁

▲ 智慧海

向东，到东宫门，到勤政殿（今天仁寿殿），到玉澜堂，文昌阁，乐寿堂，甚至乐寿堂院子里面的青芝岫也露出一角。再往西，长廊蜿蜒曲折把前山建筑连成一片，其中养云轩和今天颐和园中的养云轩大体一致，最为重要的是，前山大报恩延寿寺的建筑在这幅图中得以清晰地展现。以前，我们大量查阅颐和园相关资料，几乎没有大报恩延寿寺任何的图画资料。我们可以对比一下今天的排云殿和当年的大报恩延寿寺的区别，大殿两侧的两根佛塔现在挪到后山四大部洲广场上了。特别是它西侧的罗汉堂的建筑在图画中得以清晰地展示，现今这里的建筑叫作清华轩，是慈禧时期修建的。再往西，石舫的样式和今天的石舫不同，今天的石舫为西式建筑，那个时候的石舫完全是中式建筑。在这幅图画中，东堤、廓如亭、十七孔桥、南湖岛和西堤，甚至西堤各桥都清晰呈现。特别是南湖岛上的望蟾阁和今天的望蟾阁不同，以前的为三层，今天的为两层，那是因为慈禧时修建因经费短缺只修了两层。而且当年的建筑是仿造黄鹤楼而建，我们可以看图画中的望蟾阁和今天的黄鹤楼的楼型很相近。从而佐证了史料的准确度。另外，当年西堤上的景明楼和今天的不大相同，图画中的景明楼靠东面还修建了一条弯曲到湖中的木质曲桥，可以探到湖中，贴近湖水。最后，就是昆明湖南的凤凰墩，可以清楚地看到史料中记载的凤凰楼了。今天的颐和园凤凰墩上只是一个简单的亭子。

这幅画图为我们进一步展示乾隆时期的清漪园提供了重要的佐证。也让观众一睹为快，细心的观众可以通过这幅图了解当年清漪园的建筑和细节，对比今天的颐和园，感受其间的区别和相同之处。

中国的古建筑，因为大量为木质结构，不易保存。所以保护和大修的时候往往采取重建的方式。据了解，换琉璃瓦的时候经常把保存完好的大殿后面的琉璃瓦换到前面来，尽量保持古建的原始用料，但毕竟会有新的材料出现。所以，有种说法是古建的保护和留存大都是文化信息的留存和延续。《万寿庆典图》对研究当年清漪园的建筑样态有着重要的意义。我们从中也可以清楚地比较出这一园林文化几百年间的变迁历程。特别是经历了近代种种战争杀伐，这种战争的创伤在颐和园中还保有痕迹，很多古树，上面1860年那场大火的痕迹犹在，这就是历史在我们的文化中留下的伤痕。

有兴趣的观众可以实地验证一下，玉澜堂前面的古树，烧痕犹在；仁寿殿北侧通往谐趣园的甬道中，有一棵小树主干已经烧毁，

▲《万寿庆典图》（局部）

▲ 颐和园中的古树

又在旁边生出新枝，茂盛如昔。这也在我们片子第三集有所提及。

另外，大家可以尽情在后山探幽寻秘，在树木的掩映之下，很多残垣断壁，上面黑乎乎的烧痕犹在，似乎提醒看官昔日的繁华。比如漪望轩，赅春园，清可轩……这样的遗迹随处可见。特别值得一提的就是后山赅春园的清可轩上，有一面石壁上的字为乾隆手书。这是一个以山壁为墙的房子，乾隆当年游园之余，在这里小憩题诗。

实地拍摄中不得不说的故事

2006 年 10 月中旬，我们组织了第一次规模性的秋季拍摄，动用了当年台里最先进的 F950-SR 摄录分体机。这台摄录机最大的优势在于图像质量要比普通的高清摄像机还要高 2-4 倍，如此高清晰度的图像带给大家的震撼和兴奋难以言表。现在想起来，也庆幸那一年秋天的景色如同分层设色一样按照不同的时间逐一展现，我们有时间慢慢体会其中的细微的变化。后来的两年秋天，再也没有那年的秋天那么生动了。

▲ 颐和园的秋天

颐和园的主基调

通过上页图片，我们发现，颐和园的色彩很丰富，这就是颐和园的秋天。这也是我们片子的一个整体基调，色彩壮丽的颐和园，青山绿水，配以红砖琉璃瓦，这就是皇家风范。虽然片子第一集中早有叙述，乾隆最早设计清漪园是效仿江南的园林，但是这种皇家的色彩是江南园林所没有的，另外清漪园修建的初衷是乾隆为母祝寿的献礼，而母亲又是一个虔诚的佛教徒，所以乾隆时期的清漪园初衷是一个佛山，山前山后，多座寺庙掩映其中。

所以说清漪园＝江南园林＋皇家风范＋寺庙园林。

这无疑成为流传至今消失不了的颐和园的主基调。

另外，如果仔细体会，我们会发现颐和园的另一种气质，当水汽弥漫之际，一切景物变得恍惚朦胧，仿若一幅展开的中国画，特别是雨季，水汽漫涨，另一种味道掩盖了色彩壮丽的皇家建筑，这种味道更似江南。这时，才会知道，乾隆师法江南园林，不仅

▲ 颐和园的建筑

▲ 颐和园的江南情调

学了西湖格局、苏堤六桥，更领悟了江南神韵。这个时候，我们拍摄的另一种基调出现了，柔美的中国画效果，一切阳刚的建筑在这种氛围下都失去了棱角，都轻柔地淡去。这时，我们更体会了什么叫作雾里看花、水中望月的意境。

特殊摄影

确定了这两种基调，我们做到了刚柔相济、虚实结合。画面上的张力也有了。更多的是如何表现细微的自然变化：阴晴雨雪，风云变幻，万物滋长的细微过程。

这是一座园林，这里有山水，各种植物和动物。这些记录和变迁必不可少。

所以，为了更好地表现这一点，我们延续了纪录片《故宫》“定点拍摄”的手法，同一机位，同一构图，春夏秋冬都进行了拍摄。

而纪录片《故宫》另一个大量使用的逐格慢速摄影，就是大家所看到的快速的飞云效果，在片子中使用量不多。这也是根据

▲ 200 倍长焦拍摄的颐和园上空的日月

颐和园自身的气质所设定的，有的方法适合颐和园，有的并不适合。

还有就是长焦拍摄也成为一个重点，各个季节每逢十五，我们都要进行夜间拍摄，所谓的夜间不是深夜，而是拂晓时分，天空微微有了些密度，圆月高高升起，200倍的长焦镜头能把月亮的细节表现得很清楚。为什么每个季节段都要拍摄呢，根据颐和园的主要景物的分布，每个季节月亮出现在天空中的方位也有所不同。所以基本上圆月拍摄要每个月的十四就要开始，十四的早晨去，基本上拍不了什么，只是确定机位，十五和十六再细致拍摄。这样，根据季节的不同，月亮有的时候挂在佛香阁旁边，有的时候在十七孔桥边上，月亮陪衬的景物根据季节有所不同罢了。

另外长焦拍摄可以达到普通镜头所达不到的效果，比如，这幅图像中十七孔桥和远处的景明楼看着很近，这就是长焦镜头产生的效果。又如，这张西堤的桥和远处的玉峰塔看着很近，我相信搞摄影的一眼就能看出这是什么规格的镜头才能产生的效果。

曾经有一个颐和园商品部的工作人员在我们拍摄时看了监视器，觉着我们拍摄的画面很美，即使她天天在颐和园，也没注意或者看到这样的景色，这归功于剧组起早贪黑的拍摄习惯。摄影爱好者都知道，要想拍摄漂亮的画面，早晚的光线最好，甚至最好的光线稍纵即逝，经常留给摄影者很多遗憾。我们就是要抓住这种瞬间的美，这种大多数人所看不到的美，所以，我们的片子画面定位在平时看不到的颐和园。早晚拍摄可谓一种，另一种就是平常游客所不至的地方，还有就是非正常视角——高角度拍摄结合移动拍摄。

实现高角度拍摄我们采取两种办法,就是航拍和消防云梯拍摄。

航拍我们聘请了一个比利时航拍摄影队，用航模挂 35mm 微型摄影机进行的胶片拍摄。这个摄影队是世界上第一流的摄影队，曾经拍摄过《007》《哈利波特》《满城尽带黄金甲》《赤壁》等。来颐和园拍摄是这个摄影队第四次来中国拍摄。为我们留下很多珍贵的颐和园航拍镜头，片中第四集有一个从排云殿倒退出门，又倒退着出了云辉玉宇牌楼，直接升起到万寿山上空，拉到万寿山大全景的镜头，就是这个航拍摄影的效果。请大家不要以为这是动画制作出来的效果，这个镜头是真实拍摄的。又如片中第三集有一个舞台上表演京剧《三岔口》从两个人直接拉出，看到德和楼全景，再拉出，看到万寿山甚至颐和园大全景的画面，也是真实画面效果。

消防云梯拍摄就相对简单一些。消防云梯的臂最高可以升到30米的高度，在这样的高度我们可以看到难得一见的景色。这种摄影难度在于摄影从地面升起时就开机拍摄，直到升到最高空一直保持开机状态，这个时间长达3分钟。摄影要保持镜头稳定性的同时，还要调整构图，保持画面的完美。相信懂摄影的朋友知道这种难度性了。

类似这样的特殊摄影还有13米摇臂拍摄，17米摇臂拍摄。这种特殊器材的运用使得我们留下大量珍贵的运动镜头。这是历年来颐和园拍摄中史无前例的。特别是摇臂拍摄，几乎转遍了颐和园的各个角落。因为颐和园的主要建筑分布在万寿山上，正常人的视角只能从建筑旁边仰视建筑，摇臂、消防云台和航拍摄影，等于可以给我们一个常人所达不到的视角来观看这些建筑，更能彰显建筑的形制和美感。

颐和园大拍

2007年9月，我们开始了大规模的集中拍摄，动用了三台设备，分别是，F21–SR 数字电影摄录分体机、F950–SR数字电影摄录分体机、F750高清摄像机。一个组负责真实再现的拍摄，主要是拍摄在园中带演员的，进行历史重现的拍摄。一个组负责园中室外、室内的空镜拍摄，还有大量的文物拍摄，还有一个组负责早晚景物抓拍，逐格摄影。这次大拍前后陆陆续续两个多月的时间，全组最高时包括演员动用了100多人。

带演员的拍摄虽然耗费巨大，但演员其实不是我们表现的重点，这里，我们给拍摄一个准确的定位：演员为“活道具”。为什么这么说呢？在影视剧中，演员肯定为表现的中心，所有的服装、化妆、道具、置景都是为演员服务的。而在我们纪录片《颐和园》里，最为难能可贵的是实景拍摄、文物地拍摄，我们的拍摄地都是古建，甚至是慈禧、光绪当年生活过的屋子。所以画面中最重要的信息量体现都在周边环境上，而不是人物上。所以这点和影视剧恰恰相反。我们关注的是慈禧当年生活过的屋子和屋子里的摆设，而演员放到这个环境中来进行表演，为的是烘托气氛，是“活道具”。所以观众不要奇怪，为什么片子中有些人物都是虚化的、模糊的。

可以说，我们的历史再现处理，是力争达到“立体、真实的，晚清皇家生活的真实图卷”。毕竟，除了演员，大部分都是真家伙，真文物。

这次大拍，我们做到了很多前人所未及的高难度的工作。你能想象每天凌晨3点起床，4点到现场拍摄，晚上最晚7点收工，而且每天如此。演员和服装化妆部门更早，经常要凌晨2点就要起床给演员化妆了。这种工作强度常人难以想象。

颐和园管理处的同志们更给予了鼎力支持，因为拍摄经常在园子未开放时进行，他们不仅要负责开门进门，还要负责维护古建安全，维护游人秩序，隔离游人和剧组，做到互不影响，去过颐和园的朋友知道，颐和园的“繁华路段”可谓人山人海，游人络绎不绝。在这样复杂的环境中拍摄，难度可想而知。

另外，颐和园面积大，园内不许行车，所有的重型设备，如灯光器材、轨道、摇臂、道具等都需人力搬运，西堤拍摄这些东西就得运到西堤，万寿山上拍摄就得运到山顶，所以如果下午2点准时拍摄，前期搬运工作就得上午10点开始进行。剧组有30多场务在负责这项繁重的搬运工作。所以一天的拍摄，经常是拍摄不了几分钟，搬运和准备要花费好几个小时！搬运过程中还要小心避让游人，避免磕碰文物。大家在高强度的体力和超长的工作时间下坚持下来，每个人都是最优秀的。

所以说，一个片子的完成，一个好画面的诞生，凝结着多少背后工作人员的辛苦努力。

为了使用方便而且省钱，许多剧组人员都参与了《颐和园》的拍摄。我想通过以下照片做些介绍。

▲ 前景两个宫女一个是第三集导演赵一鹤，一个是第一集编导助理王蕾

▲ 除了穿运动服的人是雷廷昌的后人，这些游客大部分都是剧组成员或家属，那个拿着照相机的是我

▲ 第二集导演刘华扮演康有为向光绪汇报工作

▲右一为第四集导演张越佳

▲ 小太监为摄影助理李诚，乾隆扮演者是片子作曲刘元，他是崔健乐队的萨克斯手

▲ 左一的女孩是第四集助理高阳

▲ 这群游客，真真假假，其中拿相机的为第二集导演刘华，后面露着眼睛的是第五集导演王伟达，他下面露着眼睛的是第一集助理王蕾，再往右戴眼镜的胖男孩是第五集助理李屹

▲ 全片最后一个航拍镜头，画面中左一为总策划、总撰稿赵微，左二为制片主任佟一平，右一为片头制作陈颙

颐和园游走攻略

我个人喜欢颐和园三个地方：西堤，谐趣园，后山。

西堤

如果说，颐和园我最喜欢什么地方，那就是西堤了，可能是因为西堤人少的缘故吧。但在西堤，你的确能领悟到一般人所体会不到颐和园另有的气质。春季早晨，你能看到阳光斜照，在青草上留下明暗参差的光影，远远的晨雾散去，远处晨行人在吊嗓子。你可以在长椅上静坐，远处水天朦胧中万寿山，佛香阁缥缈不定，似乎是神话里的故事。或者干脆睡上一觉，凉风习习，不知身在何处。最佳观景点在西门附近的畅观堂。登上石阶，你站在高处，看到湖泊、西堤，远处的十七孔桥，更远处的万寿山，景物分层展现，一览无余。

为什么喜欢西堤，空气好，这是北京城内难得的一块令人精神愉悦之地，而且游人稀少，和东宫门万寿山周边喧闹的人流决定形成反差，走西堤，绝对会一改对颐和园的印象。

谐趣园

谐趣园位于东宫门附近，万寿山东麓。关于它，片子第一集中已经有很详尽的描述了。我想说的是，这里绝对是一个园中之园。而且是一个小规模的山、水、廊一应俱全的园林。片中我设计了一个动画，从谐趣园升起，看到整个颐和园的全景。我的目的就是说明谐趣园是园中之园，而且绝对是颐和园的缩小版。为什么这么说呢，我们看万寿山南面有昆明湖，之间的过渡带是长廊，湖上有十七孔桥；而谐趣园北面有假山群，南面也有一个小湖泊，之间也是游廊过渡了，也有知鱼桥横亘边上。或者我这种臆想有些牵强，这只是符合中国园林的格式罢了。

这里，是最像江南园林格局的。虽然乾隆时期清漪园内不止一个小园林，但留到今天的，只有谐趣园了。我们留下大量谐趣园的镜头，春夏秋冬的应有尽有，片子中所呈现的只是一小部分。

谐趣园可看的春天的垂柳，特别在每年 4 月左右，或许近看没有发芽，但远远看，你会发现已经有层绿意在树上了，这就是柳树的奇妙之处。柳树刚刚抽芽的时候，随风晃动，你可以尽情

▲ 谐趣园春景和秋景图

想象古人诗歌中的意境了，在这里，你可以独享一份属于自己的安静。

秋天的谐趣园黄叶遍地，和红色的廊坊相映成趣，假山附近，有若干枫树，慢慢地会变成红色，也是一景。

后山

后山探幽寻秘之处很多，可惜的是，在颐和园三年多，至今还有未至之处，但我们的摄影可是把每一处都走遍了的。

出了谐趣园往西，有两条路可走，一个是沿着山势，在山中有条石路穿行，我们可以看到很多古树，前面有条岔路，往左，善现寺遗址；往右花承阁遗址，边上有一个保存相对完好的多宝塔可供观看。再往前走，路过澹宁堂。这条路，山石路弯弯曲曲，苍松古柏，给人一种静谧的感受。

我个人比较喜欢靠着后溪河的一条路，顺着河北岸行走，会看到一处不起眼的房子，这是慈禧观看民间社戏的楼。再往西走，你能看到一座木桥，这座桥不知何年何月修建，但这真是一座很富于诗意的桥，和周边的桃树映衬，特别是春节，桃花浪漫之际，这里绝对是个好去处。

后山这种让人探幽寻胜的地方很多，还有绮望轩遗址，赅春园遗址，这两个地方的遗迹绝对让人流连忘返，你可以看着地基想象当年的繁华和设计的独到匠心。

这里每一处石阶，每一个歇脚的坪石，都是精心设计的。这些石道，在下雨的时候又是泄洪道，这些事情，古人都有所考量。甚至哪个地方种植什么树木，树木有多高，都是精心设计的，特别是到了山顶，树高了就挡住人看景，没有那种会当凌绝顶的感受了。

喜欢安静，独自散步的游人，后山绝对是一个让你满意的去处。

结尾

我想这三年现在能回忆的和想说的都在这里了，如果说文字有不准确的地方，还有未及之处，和大家说声歉意。

另外一个触动就是，在 2006 年秋季拍摄的一天早晨，我遇到一个老人，他用手推着空轮椅在长廊间行走，当时老人的画面被摄影抓拍下来了，这个老人很平常的散步的样子，没什么特殊之处，但他给我留下难以磨灭的印象。虽然在后来的成片中没有用上老人的画面。

最奇妙的是，2009年9月底的一天早晨，摄制组最后一次颐和园拍摄，在长廊我又遇到这个老人，仍是手推着空轮椅在行走，三年过去了，老人神态依旧，我震惊于这次偶遇，流连于颐和园无数次，为什么只在这一头一尾的拍摄中遇到他老人家呢？

于是又拍下他的画面，虽然我也知道，不可能在片子中用上它。

我祝愿，那些喜欢颐和园的人，身体安康。

《颐和园》总编导　金明哲

图书在版编目（CIP）数据
颐和园 / 纪录片《颐和园》节目组编著 . —北京：中国工人出版社，2018.12
ISBN 978-7-5008-7100-2
Ⅰ . ①颐… Ⅱ . ①纪… Ⅲ . ①颐和园 - 介绍 Ⅳ . ① K928.73
中国版本图书馆 CIP 数据核字（2018）第 288468 号

颐和园

出 版 人　王娇萍
责任编辑　葛忠雨　宋　杨
责任印制　黄　丽
出版发行　中国工人出版社
地　　址　北京市东城区鼓楼外大街 45 号　邮编：100120
网　　址　http://www.wp- china.com
电　　话　（010）62005043（总编室）（010）62005039（印制管理中心）
　　　　　（010）62379038（社科文艺分社）
发行热线　（010）62005049　（010）62005042（传真）
经　　销　各地书店
印　　刷　三河市东方印刷有限公司
开　　本　880 毫米 ×1230 毫米　1/32
印　　张　8.5
字　　数　235 千字
版　　次　2019 年 6 月第 1 版　2023 年 11 月第 4 次印刷
定　　价　88.00 元

本书如有破损、缺页、装订错误，请与本社印制管理中心联系更换
版权所有　侵权必究

央视纪录片同名图书

“礼”“乐”合璧 现存最大最完整的皇家宫殿和皇家园林

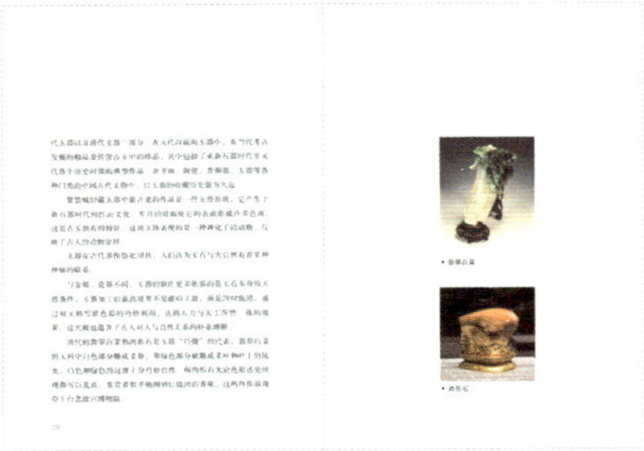